中国传统文化中的教育价值研究

吴延芝 著

·北京·

内 容 提 要

本书主要是对古代中国传统文化中的教育价值进行研究，目的是积极寻求正确教育理念的文化基础，从而帮助学生树立正确的学习观。

本书以挖掘中华优秀传统文化中的教育价值为主线，以服务当代大学生为目的，精心梳理古代中国不同时期、不同派别的教育思想与教育理念。在内容设计上既有对于前人教育思想的甄别、引用，更侧重于其教育思想的现代意义；既有针对单个思想家教育理念的体系建构，也有针对教育理念共性的阐发。本书除序章外共6章：传统文化与古代教育、孔子的教育思想及其当代价值、孟子的教育思想及其当代价值、董仲舒的教育思想及其当代价值、朱熹的教育思想及其当代价值、王阳明的教育思想及其当代价值、曾国藩的教育思想及其当代价值。

本书可作为普通高校大学生提高人文素养的阅读书，也可作为大学通识教育的参考书。

图书在版编目（CIP）数据

中国传统文化中的教育价值研究 / 吴延芝著. -- 北京 : 中国水利水电出版社, 2022.1
ISBN 978-7-5226-0434-3

Ⅰ. ①中… Ⅱ. ①吴… Ⅲ. ①大学生－思想政治教育－研究－中国 Ⅳ. ①G641

中国版本图书馆CIP数据核字(2022)第008310号

策划编辑：石永峰　　责任编辑：高　辉　　封面设计：梁　燕

书　　名	中国传统文化中的教育价值研究 ZHONGGUO CHUANTONG WENHUA ZHONG DE JIAOYU JIAZHI YANJIU
作　　者	吴延芝　著
出版发行	中国水利水电出版社 （北京市海淀区玉渊潭南路1号D座　100038） 网址：www.waterpub.com.cn E-mail：mchannel@263.net（万水） sales@waterpub.com.cn 电话：（010）68367658（营销中心）、82562819（万水）
经　　售	全国各地新华书店和相关出版物销售网点
排　　版	北京万水电子信息有限公司
印　　刷	三河市华晨印务有限公司
规　　格	170mm×240mm　16开本　11.5印张　148千字
版　　次	2022年1月第1版　2022年1月第1次印刷
定　　价	64.00元

凡购买我社图书，如有缺页、倒页、脱页的，本社营销中心负责调换

版权所有・侵权必究

前　　言

中华优秀传统文化，是在古老中国大地上长成的参天大树，是无数先辈代代传承的丰厚遗产，饱含着古人悠远绵长的价值观念、思维模式，无时无刻不在影响着每一位中国人。在浩如烟海的中华传统文化中，教育思想是其中璀璨夺目的明珠。中国古人非常重视教育，其教育思想内容异常丰富。源远流长的中国古代教育思想，深藏在“忠厚传家久，诗书继世长”的楹联里，内化在文人墨客的文章里，是古代中国先贤留给我们的宝贵精神财富。

在中华传统文化里，我们可以寻找到其中蕴含的独特气质，可以体会到中华民族的历史传承，更重要的是，在中华优秀传统文化这座宝库中，我们可以寻找到中国人的精神家园，知过去、见未来。其中蕴含的教育理念、教育方法如同星辰大海，至今仍然熠熠生辉，对当今大学生的培养教育具有很强的可借鉴性。古代中国教育理念的主要内容包括注重自律自省、因材施教、尊师重教以及全面教育等。自孔子、孟子直至朱熹、王阳明，中国古代教育家积累了丰富多样的教育理念，提出很多对于今天依然具有借鉴意义的教育思想，这是中国古代优秀传统文化贡献给世界的智慧和力量，值得我们去挖掘整理。

翻开中国古代的教育史，就如同翻开一本厚重悠远、满含深情的历史教科书，从传统儒学创始人孔子、孟子，再到两汉、南宋时期的董仲舒、朱熹，直至心学大师王阳明、清朝重臣曾国藩，无一不是非常重视教育。他们的教育理念、教育思想、教育方法，对于今天的中国大学教育依然具有非常强的时代意义，对于当代大学生而言，尤其具有时代价值与借鉴作用，大学生没有任何理由不去珍惜这样一笔人类文明的珍贵财富。

马克思说过：“人们创造自己的历史，但是他们不是随心所欲的创造，并不是在他们自己选定的条件下创造，而是在自己直接碰到的、既定的、从过去继承下来的条件下创造。”中国人历来重视教育，古人的思想对今天的影响可谓深远，其教育理念、教育思想浩瀚如海，教育名家辈出，令后人高山仰止。

本书致力于挖掘中国传统文化中的教育价值，对其进行系统整理，并将其与当今大学生的教育实践相融合，帮助大学生熟知、理解中国古人的教育理念、思想，取其精华、弃其糟粕，在古人教育思想的基础上，构建符合新时代中国特色的高校教育思想体系，培养大学生对于中国古代教育理念深层次的认同，在大学生心中深植民族自新观念，树立民族文化自信心。本书为 2021 年山东社科专项“高校思政课话语体系建构研究”（项目号：21CSZJ05）的研究成果。

本书既包括作者多年潜心学习、研究的心得，同时也充分借鉴前辈、同仁的新成果，在此表示衷心感谢。对于此书不足之处，欢迎读者、同仁不吝指正。

吴延芝

2021 年 7 月于泉城济南

目　　录

序章　传统文化与古代教育

文化，是“人猿相揖别”的根本标志，自从有了文化，人类与动物界彻底分离。几千年的人类文明史，孕育了各不相同的民族传统文化，其绵延不断、生生不息，承载着民族的童年，指引着民族的未来。民族性是文化的独特符号，世界上每一个民族的文化，都有其自身独特的魅力。中华优秀传统文化，是古老中国大地上长成的参天大树，是无数先辈代代传承的丰厚遗产。中华传统文化，饱含着古人悠远绵长的价值观念、思维模式，无时无刻不在影响着每一位中国人。

中华传统文化已经深深浸润到每一位华夏儿女的内心中，影响着我们的生活态度与行为认知。黑格尔曾经讲过：“传统并不仅仅是一个管家婆，只是把她所接受过来的忠实地保存着，然后毫不改变地保持着并传给后代。它也不像自然的过程那样，在它的形态和形式的无限变化与活动里，仍然永远保持其原始的规律，没有进步。”[①]文化是鲜活灵动的，是代代传承的，当然，文化更是与现实生活息息相关的。在中华传统文化里，我们可以寻找到其中蕴含的独特气质，可以体会到中华民族的历史传承，更重要的是，在中华优秀传统文化这座宝库中，我们可以寻找到中国人的精神家园，知过去、见未来。其中蕴含的教育理念、教育方法，如同星辰大海，至今仍然熠熠生辉，对于当今大学生的培养教育具有很强的可借鉴性。本书致力于挖掘中华传统文化中的教育价值因素，并将其与当代高等教育理念相联系，为我国教育事业的繁荣振兴提供历史文化支撑。

---

① 黑格尔：《哲学史讲演录》，贺麟、王太庆译，商务印书馆，2009 年第 1 卷，第 8 页。

一、古代中国教育理念的主要内容

自孔子、孟子直至朱熹、王阳明，中国古代教育家积累了丰富多样的教育理念，提出很多对于今天依然具有借鉴意义的教育思想，这是中国古代优秀传统文化贡献给世界的智慧和力量。

1. 注重自律自省

所谓自律，是和“他律”相对而言的，就是指在道德修养过程中的自我约束。中华传统文化非常强调自律在凸显道德规范和提升个人修养水平方面的重要性。

儒家强调修身立德，自孔子到孟子、荀子再到宋明的理学家，都非常重视自律在道德修养过程中的作用。孔子强调道德自律，注重自我修养。孔子曾说“为仁由己”，“由己”就是由自己，“为仁”意为施行仁爱，“为人由己”的意思是由自己出发而对其他人施行仁爱，即在自己的道德意志行为中自觉地贯彻仁爱原则，这体现的是一种道德主体的自觉。孟子明确提出性善论，把人性规定为善，并在道德经验生活中去论证善性的真实性，如“今人乍见孺子将入于井，皆有怵惕恻隐之心”。朱熹主张革尽人欲之私，复尽天理，达到至善的境界，为此他提出“持敬”的思想，“持敬”就是穷尽天理的修养方法，所谓“敬”，并不是无所作为，而是内心修养到谨慎状态，时刻提防，不敢放纵自己的私欲，无论何时何地都敬守勿失，不可间断。王阳明提出“扫除廓清”即清除心中欲念。他认为至善之理存在于人的内心之中，必须保持内心清净，不为欲念所染，如果有一毫欲念，众恶就会相引而来[①]。

自律是个体在践行道德规范的过程中体现出来的一种自觉性，这种自觉性是

① 教育部高教司组编，张岱年、方克立主编《中国文化概论》，北京师范大学出版社，2004，第 330 页。

建立在自省的基础之上的。在如何实现道德自律方面，各家各派也提出了许多方法，其中以儒家倡导的“自省”和“慎独”最为突出。孔子说：“见贤思齐焉，见不贤而内自省也。”（《论语・里仁》）曾子说：“吾日三省吾身。”（《论语・学而》）孔子认为，道德自律要经过三个环节，一是“学”，二是“思”，三是“行”。这里的“思”即思考、反省，是一种内省的修养方法。“思”的作用在于反省自己的视听言行是否符合道德规范，用思考的方法检查自己的言行，这是道德修养的重要途径和方法。荀子则从性恶论的角度阐述了人为什么要自省。他认为虽然人性本恶，但通过后天的人为努力，用师法教化、礼仪引导是可以教人向善的。

“自省是一种思索、反省的过程，自律则是通过自省所达到一种精神状态，并进而转化为外在行为，两者相辅相成、互相促进。一方面，自省是自律的基础。孔子强调修养的历程学、思、行三者连贯。思即是内省，思在行前，其作用在于反省自己的视听言行是否符合道德规范。要做到自律并不容易，需要不断自我反省。中国传统所注重的道德的躬行践履并不是盲目遵从或单纯外部约束的举动，而是自己内心道德自觉的结果。只有形成对于道德规范的正确认识并形成正确的判断才能有发自内心的道德行为。另一方面，自律又促进了自省的深入。通过行为方面的自我约束、严于律己，个体对于道德规范的认识进一步深化，在行动的过程中还可以发现自身尚存的哪些不足，并思索如何进一步改进，从而促进自身修养的不断完善。”①

自律和自省又反映了道德修养的两个不同阶段。自律重在约束，体现为道德主体对自己的欲望、功利性追求的抑制，需要经由一定的意志努力达到；而自省则是对自身道德合理性的寻求，是寻求合理性之后的豁然开朗的幸福自在，达到

① 教育部高教司组编，张岱年、方克立主编《中国文化概论》，北京师范大学出版社，2004，第 281 页。

如孔子般所谓“从心所欲不逾矩”的境界。从自律到自省，显示出道德修养层次的递进与境界的升华。

“慎独”是儒家思想主张的自律的至高境界。“慎独”要求人们在没有其他人在时，也能谨慎自处，约束自己不合规范的欲望和行为。慎独作为中华传统思想文化所提倡的一种重要修身方法，不论在古代还是现代都具有十分重要的意义。“首先，慎独是衡量道德修养水平的重要标尺。一般说来，在众人的眼前，在组织和领导的监督之下，个人比较能注意自己的言行和态度，而在无人监督之处却容易放松对自己的要求，甚至做出一些有违道德、法律规范的事。在无人监督时自觉做出的道德行为比有他人监督时的道德行为更加难能可贵，因此，一个人能否做到慎独，实际也反映了他道德修养水平高低。其次，慎独是自律的至高境界。当慎独成为自然而然的行为，个体就达到了一种自由状态。再次，慎独是培养理想人格的关键。个体慎独的修养方法既重视外在的道德行为实践，也重视内在的道德信念的建构。它把内在道德意识的自我觉悟作为主要目的，以实现自己的人性为首要任务，主张返回到自身，确证自身的存在和价值。”①

2. 因材施教

“因材施教”的教育理念始于孔子，后世教育家将其进一步发扬。所谓“因材施教”是指根据受教育者的不同情况，采用相应的内容和方法施行教育。因材施教的教育原则注重的不是模式化、标准化，而是人性化、个体化，它要求施教者有极高的修养水平和责任心，培养人才不搞“流水线”“一刀切”，这无疑是人类未来教育发展的重要方向，值得当今的教育工作者高度重视。

进入新时代之后，受种种因素的影响，学生的个性化表达越来越多样化，这

---

① 教育部高教司组编，张岱年、方克立主编《中国文化概论》，北京师范大学出版社，2004，第286页。

也要求教师的教育理念、教学方法也要与时俱进。在今天看来，“因材施教”就是要在遵循教育规律、教育方针的基础上，充分尊重学生的个性。

3. 尊师重教

“师徒如父子”，在古代中国，师门传承有着极为严苛的条件。不仅要求学生尊重老师，教师本身也要恪守为人师长的原则与底线，即“学高为师，身正为范”，品德高尚和学业精进是为人师表的必要条件。孔子在教学过程中，就非常注重用“有言之教”和“无言之教”两种方法对学生进行教育。

“程门立雪”的故事在中国几乎家喻户晓，成就了一段尊师重教的千古美谈。杨时因为学问困扰去拜访当时的儒学大师程颐，走到家门口发现老师正在打坐冥思，不忍打扰，恭恭敬敬立于门外等候。时值隆冬，天降大雪，寒冷异常，依旧不敢进屋打扰老师的思考。直至程颐发现他，那时在杨时脚下的白雪已经一尺多，程颐赶紧将其迎进门内，两人共同谱写了一曲尊师美谈。

4. 全面教育

古代中国人非常注重对于子弟的教育，从祖传祖训到书画人生再到诗词歌赋、戏曲小说，无不蕴含着对于子孙后代的殷切期望。从“孟母断杼，三迁其家”到“知行合一”，从诸葛亮的“静以修身，俭以养德”到林则徐的“苟利国家生死以”，从中国画的笔墨写意人生到戏曲小说的劝人向善，都寄托着祖先对后人的厚望。

二、古代中国教育理念的发展历程

中国古人非常重视教育，其教育思想内容异常丰富。源远流长的中国古代教育思想，记录在浩如烟海的古代文献里，深藏在“诗书继世长”的楹联里，内化在文人墨客的文章里，是古代中国先贤留给我们的宝贵精神财富。

中国历来是个教育大国。翻开中国古代的教育史，就如同翻开一本厚重悠远、满含深情的历史教科书，从传统儒学创始人孔子、孟子，再到两汉、南宋时期的董仲舒、朱熹，直至心学大师王阳明、清朝重臣曾国藩，无一不是非常重视教育。他们的教育理念、教育思想、教育方法，对于今天的中国大学教育依然具有非常强的时代意义。对于当代大学生而言，尤其具有时代价值与借鉴作用，大学生没有任何理由不去珍惜这样一份人类文明的珍贵财富。

中国人历来重视教育，古人的思想对今天的影响可谓深远，其教育理念、教育思想浩瀚如海，教育名家辈出。在中国，只有两种职业可以称为先生，一个是医生，另一个则是教师。

按照马克思主义唯物史观的思想，社会存在决定社会意识。原始社会的初期，由于生产力水平低下，生活在上古时代的古人刚刚从茹毛饮血的蒙昧时代走出来，几乎没有剩余产品，这也就决定了当时氏族组织几乎所有的成员都必须从事农业生产。一般来讲，那时候的分工是主要以性别为标准的自然分工，女人从事纺织、采集植物种子等活动，男性则主要从事狩猎等野外劳作。到了原始社会的末期，伴随着生产力的发展，出现了人类社会历史上的第一次社会大分工，即畜牧业与农业的分离。从此之后，人类历史上有了两种社会性的职业——农民和牧民，社会上也有了两种不同的产品——农产品和畜牧产品。手工业与农业的分离是人类历史上的第二次社会大分工，手工工人的出现是此次社会大分工的主要标志。第三次社会大分工主要是以商人的出现为标志。

与自然分工主要以性别为标准不同，社会分工主要是建立在技能、产品基础之上。教育行业担负着传承文明、教育民众、规范行为等重要功能，是社会分工的必然结果。在中国，最早的教育可以上溯至夏以前。中国古人非常重视教育，认为教育是民族发展、民众生存的关键力量，是维系民族存在的血脉。自从有文字记录开始，中国人就开始有组织、有目的地进行各种教育活动。在尧、舜、禹生活的年代，人们专门把一批富有爱心、兼具生活与社会经验的老人集中起来，由社会供养，由这批人承担起教育下一代的任务，这可以看作中国最早教育的雏形，史书上称为“成均”。夏朝开始，“序”作为施教机构，承担了当时教育民众的责任。学校的正式出现是在商朝。在西周初年，政府正式制定了学制、教学机构、教学责任，诸如“学在官府、以吏为师”等，由各级官吏充任教师对民众进行教育，使得中国的教育制度得以进一步发展。只是“以吏为师”意味着当时教师主要由官员充任，还没有出现正式的以教师为职业的人群。

商周时期，伴随着生产力的进一步发展，社会分工也随之逐渐细化，职业类型越来越丰富多样，这就为教育事业的发展以及教师行业的出现奠定了稳定的社会基础。据史料记载，西周时期我国已经形成了相对比较完备的官办教育体制，不仅包括国学、乡学，还有宫廷教育、幼儿教育等，内容涵盖礼、乐、射、御、书、数，即人们经常说的“六艺”，这是主要针对贵族阶层的教育内容。孔子之前，中国古代教育的特点是“学在官府”“以吏为师”，到春秋战国时期，普通民众对于教育的需求越来越旺盛，由此，“私学”作为一种适应时代需求的教育形式，日渐兴盛起来。伴随着“私学”的扩张与发展，也出现了一批名垂青史的教师，孔子、孟子就是其中的佼佼者。

具体说来，中国古代的教育思想发展可以分为三个阶段。

1. 春秋战国时期

中国古代教育思想的萌芽时期，以孔子、孟子为代表。孔子之前，中国古人的教育主要是“学在官府”，接受教育是贵族阶级的特权。至孔子生活的年代，新兴地主阶级、普通百姓普遍渴望接受教育，“私学”开始兴起。

孔子、孟子是古代中国教育事业的开拓者，自孔孟开始，教育开始平民化，受教育的门槛普遍降低，普通百姓有了更多受教育的机会。孔子在曲阜杏坛设教，奉行“有教无类”教育方针，但凡是有志于学的人，无论等级贵贱均可接受儒学教育。

子曰：“自行束脩以上，吾未尝无诲焉。”（《论语·述而》）正因为孔子讲学的门槛比较低，才使得颜渊等家贫者也得以接受系统教育。相传孔子弟子三千，贤者七十有二，这在客观上起到提高全民素质的作用。孔子也因此成为中国教育史上第一个真正意义的受人尊敬的教师。

2. 汉唐时期

中国古代教育思想的成熟时期，以董仲舒、朱熹为代表。西汉时期，官办的“太学”成为当时的最高学府，由中央政府承办，另外，还有众多的“学”“校”“庠”“序”。在这一时期的私学也非常兴盛，规模较小的为“书馆”，规模较大的为“书院”。

隋朝开创了科举制度选拔人才的先河，唐朝以后，科举制度得以逐步完善，极大促进了当时教育事业的发展。因为“万般皆下品，唯有读书高”，接受教育，考入仕途以光宗耀祖成了每一位读书人的进步路径。另外，唐朝都城长安由于经济发达、文化强盛，吸引了一批又一批的外国留学生，来到中国学习中国先进的文化、思想、哲学以及生产技术并将其带回本国，客观上促进了不同国家之间的文化交流与融合，也理所当然地促进了教育事业的强劲发展，古代中国的教育思想进入成熟时期。

3. 明清时期

中国古代教育思想的进一步发展时期，以王阳明、曾国藩为代表。明清时期，中央以及地方均设有不同档次、等级的学校，科举制度基本沿袭宋元时期，在此基础上还增设了特科，用以招收不愿意参加科举考试的有才之士。另外，书院制度在经历了唐宋的繁荣发展时期之后，也逐渐形成了自己的办学特色。朱熹、王阳明都曾经为书院讲学，只是书院教育在历经明朝东林党案风波之后，逐渐由盛转衰。

清末以后，由于西学东渐，欧洲的教育理念、教育思想对中国沿袭千年的教育传统产生了巨大冲击，学习西方、推崇“德先生”与“赛先生”成为当时教育界的风向标，传统的教育思想风光不再，中国教育走向了融合发展、吐故纳新的崭新阶段。伴随新时代国力日益强盛，我国教育事业又一次迎来飞速发展时期，传统文化中的教育价值再一次为世人瞩目。

第一章　孔子的教育思想及其当代价值

孔子，春秋时期鲁国人，中国古代最著名的思想家、教育家，儒家思想的开创者与奠基人，中国第一代开创“私学”的大师。孔子的思想博大精深、内容丰富，其中蕴含的教育理念、教育方法对当代依然具有非常高的学术价值，是为师长者、为学生者普遍遵循的教育行为规范。

孔子是因材施教、有教无类的伟大师者，是倡导“仁政”“爱仁”的政治家，是“知其不可而为之”“己所不欲，勿施于人”“君子成人之美，不成人之恶”“躬自厚而薄责于人”的忠厚长者。司马迁感慨道：“《诗》有之：‘高山仰止，景行行止。’虽不能至，然心向往之。”[①]

《论语》是记述孔子及其若干弟子言语行事的一部书。在浩如烟海的中国古代经典中，《论语》的影响非常大。以《论语》为代表的儒家思想，是自汉武帝以来的中国古代社会的正统思想，已经深深浸润到中国人的血脉中，成为我们立身处世的根基和精神世界的终极依托。《论语》的结构虽然看上去十分松散、随意，但是每一个读过《论语》的人都几乎会有一种同样的感觉：温文尔雅、坚毅果敢、充满智慧而又不失风趣的孔子形象跃然纸上，仿佛在谆谆告诫、言传身教，为我们的灵魂带来深深的震撼，给我们的思想带来脱胎换骨的改变。孔子如一盏明灯，照亮了历史的漫漫长夜，温暖着人们的心灵，让人们能够在天地间安身立命，在逆境中自强不息，在平凡的日子中感受生活的乐趣。

---

① 司马迁：《史记》，上海古籍出版社，2016，第 1430 页。

作为儒家思想的开创者，孔子（前 551 年－前 479 年）与西方先哲苏格拉底（前 469 年－前 399 年）几乎生活在同时代。不仅如此，孔子与苏格拉底在很多方面有着惊人的相似之处，比如，都擅长通过对话来表达自己的学术思想，都没有留下著作，我们今天聆听的先哲声音是依靠其弟子记载的他们言行的书籍等。作为中华文化黄金发展时代的象征，孔子被后世称为“万世师表”“至圣先师”，他提出的“己所不欲，勿施于人”（《论语·颜渊》）已经成为当今世人交往普遍认可的黄金规则。在儒家看来，人生在世，都要有自己的奋斗目标，有自己应当去做的事情。最重要的是，他做这些事情并不是为了获得名誉抑或取悦他人，而在于做自己应当做的事情，其价值就在于“做”，而不是“做”之后的结果如何。子曰：“不怨天，不尤人，下学而上达，知我者其天乎！”（《论语·宪问》）

纵观孔子的一生，是积极进取的一生，是有教无类的一生，更是颠沛流离的一生。为了宣扬自己的思想，晚年的孔子时常带领自己的学生，奔波在去往各个诸侯国的路上，目的就是向诸国国君讲授“仁政”“爱人”。可是在那个诸侯林立、战乱频仍的年代，又有谁能真正信奉并执行孔子的“仁政”思想呢？因此，在其生活的年代，孔了的思想并不为统治者所接受。但这丝毫不影响孔子的信心和决心，明知不可能成功，依然坚持不懈、从不气馁。在孔子看来，人这一生所要做的就是竭尽全力为理想而奋斗，至于成败，在所不计。

这种积极进取、永不言败的精神对我们民族性格的形成产生了深远的影响。“舍我其谁”“敢为天下先”，强烈的社会责任感铸成中国文人一脉相承的傲然风骨和家国情怀。正是在这种情感的感召之下，无数知识分子为了国家安宁、百姓安康，在和平岁月里济世安邦，在动荡岁月里勇往直前。这其中，孔子思想的影响尤为深远。他刚健有为、奋斗进取的精神深深感染着一代又一代的儒者，为国家的前途和命运呕心沥血甚至不惜牺牲个人生命。他与生俱来、忧国忧民的社会责任感，最终融入中华民族的血液，成为人们面对艰难险阻时的精神寄托，同时也成就了中国知识分子的爱国情怀。

司马迁在《史记·孔子世家》中对于孔子的生平做了简洁明了的介绍："孔子生鲁昌平乡陬邑。其先宋人也，曰孔防叔。防叔生伯夏，伯夏生叔梁纥。纥与颜氏女野合而生孔子，祷于尼丘得孔子。鲁襄公二十二年而孔子生。生而首上圩顶，故因名曰丘云。字仲尼，姓孔氏。"①

公元前 479 年，一代儒学创始者、73 岁的孔子在鲁国都城曲阜去世。命运对于晚年的孔子并不厚爱，甚至非常刻薄。一方面，他要接受政治上的失意，诸侯争霸，孔子主张的"仁政""爱人"思想得不到重视；另一方面，儿子、妻子以及他最喜欢的弟子相继逝去，让晚年的孔子生活充满阴霾。他 68 岁时，夫人亓官氏去世，仅仅一年之后，儿子孔鲤去世，而在孔子 71 岁时，最得意的弟子颜回也撒手人寰，孔子失去了能在精神上与之对话的最好的弟子。命运对这位老人的打击并未到此结束，72 岁，子路离世，孔子失去了能在生活上给自己提供帮助的弟子。即便如此，孔子依然"知其不可而为之"，在中国历史上首开儒家思想教育先河。

自杏坛设教开始，孔子的一生都与教育紧密关联。其教育思想及其当代价值，我们可以通过《论语》窥见一斑。

一、独特实用、因材施教的教学方式

（一）对话式教学

翻开《论语》，我们发现孔子的教育理念几乎都是通过对话形式表达出来，和我们今天的课堂区别很大。今天的课堂几乎都是教师在讲授，学生坐在教室里听讲，学生的参与度、主动性不高。虽然这些年教育领域的改革几乎都是在围绕提

①司马迁：《史记》，上海古籍出版社，2016，第 1394 页。

高学生的主体地位，无奈囿于课程设置、教学安排等因素，学生并不能真正参与到教师的课堂讲授中。久而久之，学生就会多多少少产生厌学情绪。

对话式教学，使得教师与学生之间、学生与学生之间都是平等自由、坦率真诚的，正因为如此，更能激发彼此交流的愿望、想法，更能产生思想火花的碰撞，更能产生良好的教学效果。

保罗·弗莱德是巴西著名教育家，也是对话式教学的倡导者与完善者。被誉为“20 世纪最重要的教育家”，是继赫尔巴特、杜威之后的第三位教育理论的开创者与实践者。在他看来，当前占据统治地位的教学方式，具有如下不合理性。

（1）教师讲课，要求学生被动、温顺、唯命是从地听。

（2）教师选择学习内容，学生被迫接受学习内容，老师讲的并非学生真正想听、想学的。

（3）传统教学方式几乎没有师生对话与交流，没有对话的教学丧失了教育最本真的意义。在对话式教学方法中，要求教师切实尊重学生，包括尊重学生的原有知识体系、文化背景以及批判意识。

中国家长在孩子放学后，最习惯问的一句话是“今天在学校听老师话了吗？老师布置的作业是不是已经完成了呀”。与此不同，以色列的家长问孩子的是“你今天向老师提问了吗？”罗素曾经问哲学家穆尔，谁会是他最优秀的学生。穆尔选择了维特根斯坦，因为在上课的时候，只有维特根斯坦的眼里有迷惑，课后会问一大堆问题。正如穆尔预言的那样，维特根斯坦成为西方哲学史上著名的哲学家。由此可见，人格平等、充分对话、注重沟通是教师与学生交流的最佳途径。

公元前 522 年，正值孔子而立之年，为挽救礼崩乐坏的周王朝，他在今天曲阜孔庙的大成殿南面，设置杏坛，开始收徒授学，开中国教育史上“私学”先河。无论贫富贵贱，无论贩夫走卒，无论王公贵臣，但凡有志于学，都可以成为孔子的学生，是谓“有教无类”。

在孔子的课堂上，师生可以讨论的问题有很多。在授课过程中人性善恶、未来志向、谦谦君子、鬼神之道都是他们讨论的范围。《论语·先进》中记载，孔子与子路、曾皙、冉有、公西华四位弟子一起畅谈人生理想。子路的急躁冒进、冉有的谦卑优雅、公西华的敏锐细致以及曾皙的宁静纯洁，仔细读来，师生谈论的场景宛如就在我们眼前。在这次交谈中，孔子首先表明态度，希望学生不要因为自己年长而有所保留，畅所欲言最重要。子曰：“以吾一日长乎尔，毋吾以也。”（《论语·先进》）子路的理想是治理一个有一千辆车规模的国家，冉有比较保守，纵横六七十里的小国是他的目标，公西华的人生理想是做一个比较合格的司仪，唯有曾皙如此回答老师的问题：“莫春者，春服既成，冠者五六人，童子六七人，浴乎沂，风乎舞雩，咏而归。”夫子喟然叹曰：“吾与点也。”（《论语·先进》）从此段记录我们可以看出，孔子与弟子的关系是平等的、友好的，每个人在老师面前都可以表达自己最真实的想法，而且，孔子作为老师也表达了自己的理想：在春天到来之际，换上春衫，约上几个志同道合的朋友，到大自然里欣赏无限美景，最后歌咏而归，实为人生快事。

（二）体验式教学

所谓体验式教学，是指根据学生的年龄、认知特点、个性追求以及认知规律，通过让学生亲身体验，使学生在亲身经历的过程中理解所学内容，加深知识体会，建构知识体系，并形成与社会发展同向的教学方式。这种教学方式以“体验”为核心内容，通过教师有目的导引、学生亲身参与实践、师生交流感悟三个阶段，有效地把“理论－实践－理论”融会贯通，提高学生学习的效果。体验式教学最大的特点就是学生亲自参与，学生由传统意义上知识的被动接受者转变为积极主动的实践主体，在获得持久性知识的同时，体会到学习的乐趣。

体验式教学符合人类的认知规律。按照马克思主义的观点，人们对于客观事物的认识要经历“感性认识－理性认识－实践”三个阶段。其中，感性认识是人类认识事物的起点。所谓感性认识，就是通过人的感觉器官如眼睛、耳朵、嘴巴等，对事物的外部现象形成比较直观的认识。感性认识从低到高又分为三个不同的阶段——感觉－知觉－表象。其中，感觉是人的感觉器官对认知对象各个方面特点的认识，诸如颜色、声音、大小等。感觉代表人类的认知运动的开始。在人类对于事物的多种个别属性有了认知之后，就形成知觉。所谓知觉，就是人类对于客观事物整体的认知。在感觉和知觉的基础之上，我们逐渐形成对过去事情的回忆，这是感性认识的高级形式，我们称之为表象。感觉－知觉－表象的路径，是人类对客观事物认识的一步步深入。

感性认识的特点是直观、形象，是人类认识的初级阶段，局限于事物表面现象的认识，并不能从根本上满足人类对于世界认知的需要。由此有了认识过程的第二个阶段即理性认识阶段。相对于感性认识而言，理性认识是人类认识的高级阶段，是对事物本质、规律的认识。理性认识同样包括三个阶段：概念、判断以及基于概念和判断基础上形成的推理。概念是人类理性认识的开始，意味着认识开始上升到事物本质层面。在概念的基础上形成的判断以及推理，是理性认识的高级阶段。

从感性认识到理性认识是人类认识过程的第一次飞跃，这种飞跃是在掌握大量感性材料的基础上，对于感性材料进行加工制作的过程。在经历了认识过程的第一次飞跃之后，人类开始认知到隐藏在现象背后的本质、规律。理性认识属于人类认知的高级阶段，但并不是人类认知的结束。因为理论必须回到实践中接受实践的检验，最重要的是，人类认识世界并不是最终目的，最终目的是利用理论改造世界，于是有了认识过程的第二次飞跃即从理性认识回到实践。

体验式教学在充分尊重人类认知规律的基础上，注重生活与教育之间的平衡关系。关于教育与生活的关系，在陶行知看来，“生活即教育”，而杜威则主张“教育即生活”。两种观点的共同之处就在于看到了生活与教育之间密不可分的关系，教育不可能脱离生活而孤立存在，生活本身就是一个大课堂，它会教会人类许多课本上不会出现的生存技能与知识体系，两者都主张生活与教育的不可分割性。苏霍姆林斯基甚至认为，学校的每面墙壁都是学生教育的来源。学校的软环境、基础设施、师生关系乃至家庭关系、邻里相处，包括烟火气息浓厚的菜市场，这些都是生活，也都是教育。教育与生活是一致的，学生在接受课本教育的同时，一定要走出校园，融入社会，向生活学习，家事、国事、天下之事都是学习的极佳素材。两耳不闻窗外事并不符合人类的认知规律。

公元前 497 年，孔子开始带领弟子游历诸国，他们先后去过卫、曹、宋、郑、陈、楚等国，历时 14 年。游历诸国，目的有两个，第一是推行自己的政治主张，恢复周礼；第二是向诸国国君展示自己的弟子，使弟子们增长社会经验，更好地实现人生理想。在孔子生活时期，周王朝日渐衰微，天子徒有虚名，甚至受制于其他贵族，天下群雄并起，战争频仍，礼崩乐坏之势愈演愈烈。在这种情况下，孔子以一己之身，以重建社会秩序为己任，积极向诸侯国宣传其治国理政思想，即儒家的“仁政”“爱人”思想。无奈当时的诸侯国忙于征战，几乎无人顾及、采纳他的观点。

不过，孔子带领学生游历诸国的行为，从教育层面上说，属于当时难能可贵的体验式教学，意义重大。

1. 增长见识

真正的教育从来都不会脱离社会生活。十四年的游历生活，孔子及其弟子走出杏坛，真正走进社会，融入生活。《论语》中记载：“子路问曰：‘子见夫子乎？’

丈人曰：‘四体不勤，五谷不分，孰为夫子？’植其杖而芸。子路拱而立。止子路宿，杀鸡为黍而食之，见其二子焉。明日，子路行以告。子曰：‘隐者也。’使子路反见之。”（《论语·微子》）通过这段论述，我们可以看出孔子乐于向任何人包括当时地位低下的农人学习的勇气。因为只有亲身实践，才能了解百姓疾苦，政治主张才更能反映百姓需求。

正因为有感于百姓疾苦，“仁政”思想成为孔子政治主张的核心。他主张“仁者爱人”，要实现“仁”的治国理念，要求统治者行仁政，社会个体“入则孝，出则悌”，普通民众克己复礼，唯其如此，天下方可归于仁政。

2. 了解社会

在孔子生活的年代，社会动荡，诸侯争霸，民不聊生，百姓生活极端困苦。孔子怀着一颗仁爱之心，带领众多弟子，通过与各阶层、各诸侯国的接触，了解到不同国家的风土人情，对于儒家思想的形成与发展起到极大促进作用，同时也有利于弟子们了解社会的真实需求，做一个对社会有用的人。

据史料记载，在孔子游历的过程中，曾经遇到一名可怜的妇人在坟前哭泣，弟子上前安慰。妇人说，此地虎患不断，老虎经常出来伤人，她的舅舅和丈夫就是被老虎吃掉了，唯一的儿子也被老虎吃掉了，因此痛哭流涕。弟子问这位妇人为何不搬去没有虎患的别处，妇人回答：“此处没有苛捐杂税。”孔子不禁慨叹：“苛政猛于虎。”这种游学经历，会比坐在书斋中更能让学生感受到世事不易、民生维艰。

3. 锻炼身心

孔子生活的时代，天下大乱，诸侯纷争，天下几乎没有一片宁静的土地，孔子在游历过程中也是惊险不断。《史记·孔子世家》就记载了孔子的陈蔡之厄。“孔子迁于蔡三岁，吴伐陈。楚救陈，军于城父。闻孔子在陈、蔡之间，楚使人聘孔子。孔子将往拜礼。陈、蔡大夫谋曰：'孔子贤者，所刺讥皆中诸侯之疾。今者久留陈、蔡之间，诸大夫所设行，皆非仲尼之意。今楚，大国也，来聘孔子；孔子用于楚，则陈、蔡用事大夫危矣！'于是，乃相与发徒役，围孔子于野。不得行，绝粮，从者病，莫能兴。孔子讲诵弦歌不衰。"①

正是这样曲折多难、深入实践的游历生活，使得孔子及其弟子更多地了解社会，了解百姓，也为弟子提供了走进社会、读懂人性的机会。在这种意义上，孔子可谓中国最早的体验式教学方式创始人。

二、丰富多样、推陈出新的教育理念

孔子虽然意识到天命难违，但并没有向命运低头，他并不欣赏隐居避世之人，"鸟兽不可与同群，吾非斯人之徒与而谁与？天下有道，丘不与易也。"（《论语·微子》）意思是说，即使世事没有我想象的那般美好，我还是决定与人类而非山林鸟兽为友。如果觉得社会黑暗，作为人，应该是尽自己最大能力去改变，正所谓"天下兴亡，匹夫有责"，而不该一味隔岸观火、消极避世，这充分体现了以孔子为代表的儒家积极入世、以天下为己任的家国情怀。这种"知其不可为而为之"的积极进取精神，对中华民族的教育理念产生了深远的影响。

孔子，作为中国古代最著名的思想家、教育家，教育思想主要包括以下四点。

1. 有教无类

"有教无类"，意即教育并不是为极少数贵族子弟服务的，真正的教育所面对的受众必须来自广大民众。在孔子的众多弟子中，有家境富裕的子贡，也有家贫如洗的颜回。对被教育者不分贫富贵贱、聪明愚钝，只要有志于学习，孔子都悉心教诲，体现的正是孔子倾情教育、热爱教育的情怀，也是孔子仁学思想在教育

①司马迁：《史记》，上海古籍出版社，2016，第1415页。

领域的具体落实。据《史记•孔子世家》记载:“孔子以诗书礼乐教，弟子盖三千焉，身通六艺者七十有二人。”[①]孔子之所以被称为“中国古代最伟大的教育家”，与他提出“有教无类”的原则并切实履行有很大的关系。

2. 因材施教

“因材施教”，指根据受教育者自身的情况，采用与之相配的教学内容和教育模式。因材施教注重的不是模式化、标准化，而是人性化、个体化，它要求施教者有极高的修养和责任心，培养人才不搞“流水线”“一刀切”。这无疑值得当今的教育工作者高度重视。

3. 学而不厌，诲人不倦

作为一个教师，首先必须热爱自己的教育工作，为教育学生而不懈努力。在这个方面，孔子无疑堪称表率。孔子最得意的弟子颜渊对自己的老师有很高的评价:“仰之弥高，钻之弥坚。夫子循循然善诱人，博我以文，约我以礼，欲罢不能。”(《论语 • 子罕》)知识、技能等默默记住，努力学习而不感到厌烦，孜孜以求地教育别人，这是一个典型的教育者的形象。

4. 不愤不启，不悱不发

这句话指明了真正有效的教育是启发而绝非灌输。西方先哲苏格拉底曾说“教育不是灌输，而是点燃火焰”，与孔子的教育思想有着异曲同工之妙，二人都强调启发在教育中的重要作用。所谓启发，即先让学生对某个问题展开思考，当他百思不得其解，或已得其解却又不知如何表达时，老师再加以引导和点拨，使得学生恍然大悟，茅塞顿开。由此获得的知识，必然记忆深刻，且能触类旁通，大大提高学习的效率。“不愤不启，不悱不发”(《论语 • 述而》)是孔子在长期的教育实践中留给我们的宝贵经验，值得当今的教育工作者认真汲取。

---

①司马迁:《史记》，上海古籍出版社，2016，第 1422 页。

三、道贯古今、万古长青的教育成果

孔子，一介布衣，创立儒学，以诗书礼乐教育弟子，授业者3000余人，成就斐然者72位，终成一代教育大师。孔子的人格魅力、教育理念使得弟子对其尊敬有加。孔子去世之后，子贡在夫子坟前结庐三年，寄托对老师的哀思。在此期间，弟子们把孔子生前的言行整理成册，就是我们今天读到的《论语》。

（一）《论语》的教育影响力

作为儒家思想的经典代表作，《论语》一书影响深远，它是中华民族奉献给世界的一份珍贵文化遗产，内容广泛，涉及教育、伦理、哲学、文学等诸多方面。伴随着《论语》的传播，儒家思想也传播到世界各地，新加坡、日本、韩国都深受儒家思想的影响，构成以儒家思想为特征的儒学文化圈。

作为儒家思想的经典著作，《论语》几乎就是中国儒学的代名词，尤其经历了汉初董仲舒“独尊儒术”之后，儒学在中国的地位上升到其他学派无法比拟的高度。无论是中国学者还是西方学者，只要对儒家思想感兴趣的人，首先要读《论语》，因其对于中国包括世界的思想、文化、教育产生了不可估量的巨大作用。

南宋时期的理学大儒朱熹将《论语》与《孟子》以及礼记中的《中庸》《大学》合称为“四书”，又编辑相应的注解作《四书章句集注》，《四书章句集注》成为南宋以后科举制度的标准范本。

《论语》分为20篇，由492章节构成，采用语录体格式完成。《论语》语言精练，涵盖内容非常广泛，北宋政治家赵普曾经“半部《论语》治天下”，《论语》中有许多我们现在都耳熟能详的语句。可以说，对一脉相承的中华民族古代文化，《论语》发挥了重要的纽带作用。

《论语》的特点主要集中在以下几点。

1. 语言精练

对于一部著作而言，语言精炼、简单易懂是其能够广泛传播的重要原因。老子的《道德经》，洋洋洒洒五千字，写尽道家思想的精华，奈何《道德经》用词晦涩、高深难懂。《墨子》一书也是如此，这在很大程度上影响了思想的流行传播，也排除了在普通百姓中流传的可能性。《道德经》第一章第一篇中讲“道可道，非常道；名可名，非常名”，其中的“道”，老子认为可以用语言说出来的，就不是本来意义上的“道”了，即使用今天的语言，“道”也是很容易产生歧义的字眼。而且，《道德经》中有很多在今天几乎不用的偏僻词语，如“天地之间，其犹橐籥乎”，其中的“橐籥”是两种工具，是古代炊用的风箱及吹火用的竹制圆筒，这两种器物的一致性特点就是中间空虚。现实生活中，这两种器物早已消失，因此造成文句语义的难以理解。《论语》则不然，《论语》语句简单精炼、通俗易懂，直至今日普通百姓都能很容易读懂。

2. 思想深刻

作为一部广为流传的学术著作，仅仅语言精练并不是其广为流传的最主要原因，学术思想上的深刻性、对人生的启迪性才是至关重要的。《论语》体系严密，逻辑清晰，一句“过犹不及”，道尽辩证法思想的精髓。辩证法主张要一分为二地看问题，要求我们做任何事情都要掌握度的原则。世界上的万事万物都是在不断发展变化着的，其变化形式主要分为质变与量变两种形式和阶段。事物的发展变化首先始于量变，量变就是事物数量的变化，是一种连续、不显著的变化，表现为渐进性与连续性；量变经过积累就会突破“度”。“度”是一事物保持自己质的量的限度，一旦突破“度”，事物就会发生本质的变化，即质变。与量变不同的是，质变是一种飞跃，是事物根本性质的变化，意味着事物发展变化过程中的中断。“过犹不及”极好地阐释了“度”这一认知范畴的准确含义，值得今人用心体会。

3. 涵盖广泛

孔子带给我们的是从大地上顽强向上生长的理想信念，他这样的人一定是从实际生活里面自然生长出来的，绝不是从天而降。《论语》记述的是孔子及其弟子的言行，内容包罗万象，涉及范围非常广泛，源于生活、高于生活、指导生活，是我们现代人了解孔子时代衣食住行、思想发展的经典文献。其中主要包括以下内容。

（1）政治治理——民本思想。

弟子子贡问政，孔子答“足食，足兵，民信之矣”。子贡接着问，如果不得不去掉其中一项，孔子选择了兵，因为武力向来不是儒者解决问题的首选项。子贡又问，如果不得不去掉第二个呢？这次孔子选择了吃饭。他坚称“自古皆有死，民无信不立”。人生固有生死，可人生却有比生死更重要的事情。由此可见，孔子对于诚信、信义的推崇几乎到了无以复加的地步。

对于执政者而言，人民的信任、支持是执政立国的根本。物质意义上的满足仅仅是国家长治久安浅层次的原因，唯有百姓的内心安定满足、对政权充满信心与认可，方可聚拢人心。人民群众是社会稳定进步的决定力量，这种民本思想在中国由来已久，较早见之于《尚书》中的“民为邦本，本固邦宁”。孟子作为儒学的代表人物，承袭孔子的民本思想，提出 “民为贵，社稷次之，君为轻”“亲亲而仁民，仁民而爱物”的观点。不仅儒家有“以人为本”的思想理念，道教的老子也说“圣人无常心，以百姓心为心”。历代的思想家、诗人也满腔热情地讴歌群众百姓，从“先天下之忧而忧”到“苟利国家生死以”，从“位卑未敢忘忧国”到“封侯非我意，但愿海波平”，无不深深烙进了对于国家、对于百姓的深情厚爱。

在马克思主义产生之前，历史领域内占统治地位的是唯心史观。在历史创造者问题上，唯心史观主张是英雄人物创造了人类社会历史，黑格尔称拿破仑为骑在马背上的世界精神，梁启超也认为伟大人物的喜怒哀乐决定人类历史前进的方向。与唯心史观不同，唯物史观坚持认为是人民群众创造了辉煌灿烂的人类历史。人民群众是社会历史的主人，是人类历史的真正创造者，这是马克思主义最基本的观点之一。

人民群众是一个历史范畴，在不同的历史阶段含义并不完全相同，但其主体始终是从事物质资料生产的广大劳动者。在漫长的人类历史发展过程中，人民群众起着决定性的作用。人民群众不仅是社会物质财富、精神财富的创造者，更是社会变革的决定力量。马克思说过，人类如果停止生产，几个星期就会灭亡。群众，是众多物质财富的创造者，正是由于有了他们的辛勤劳作，人们的生活水平才会逐步提高。不仅如此，人类几千年文明的优秀成果，同样是群众创造的产物。无论何种艺术形式，都是来源于生活，都是对于生活的反思与歌颂。另外，真正推动社会前进的也是群众，他们是社会革命的主力军，在社会形态更替、社会生产力发展中的作用不可取代。毛泽东说："人民，只有人民，才是创造世界历史的动力。"[①]

（2）自我修养——修己安人。

子路问君子。子曰："修己以敬。"曰："如斯而已乎？"曰："修己以安人。"（《论语·宪问》）

"修己"就是不断学习，提高自己的素养，做一个对社会有价值的人，与周围人友好相处，尊重他人，理解他人，让别人在一段关系中感到温暖与幸福。无论生活是否艰难，总要满怀感恩之心。颜回是孔子最喜欢的弟子之一，孔子夸赞颜回："贤哉，回也！一箪食，一瓢饮，在陋巷，人不堪其忧，回也不改其乐。贤哉，回也。"（《论语·雍也》）意思是说颜回虽然住处简陋、家庭贫困，却依然

① 毛泽东：《毛泽东选集》第 3 卷，人民出版社，1991，第 1031 页。

自得其乐、灵魂丰盈。

在今天看来，颜回身上最让我们感到敬佩的，并非他对于艰苦生活的忍受，而是他对于艰苦生活的态度。人生活在世界上，总会有诸多不如意之事，比如原生家庭的贫困、事业上的瓶颈、亲人朋友的误解等，对待这样的困境，我们应该学习颜回那种乐观的生活态度。只有真正的贤者，才能做到内心平静，不为物质生活所累，始终保持内心的安宁与恬淡。孔子借此告诉我们，幸福快乐与贫富无关。

司马迁在《史记·货殖列传》中有“天下熙熙，皆为利来；天下攘攘，皆为利往”的表述。争名夺利是焦虑、不幸福的根源，争名夺利的人生没有任何幸福与安宁。乐观豁达、淡泊名利，才是快乐的源泉。“万里长城今犹在，不见当年秦始皇。”物欲的满足只会带来短暂的快乐，只有内心的充实丰盈才是最宝贵的财富。陶渊明，一生坎坷，晚年依旧能够“采菊东篱下，悠然见南山”，内心的安宁可见一斑。苏轼的“此心安处是吾乡”更是如此，苏轼的好朋友王巩受“乌台诗案”的牵连，被贬去岭南不毛之地数年，其间只有柔奴不离不弃一直相陪，历经坎坷后归来，苏轼问“试问岭南应不好”，这个柔弱的女子却回答“此心安处是吾乡”，着实令人佩服。

人的一生，无论达官贵人还是平民百姓，风平浪静、一帆风顺者几乎没有，都会经历人生巅峰或者人生低谷。在人生巅峰时期，我们一定要保持头脑冷静，戒骄戒躁。在人生低谷时期，也要充满信心、积聚力量。任何事情的发展都是波浪式前进、螺旋式上升的，道路是曲折的但前途是光明的。唯有保持内心的安宁，才能阅尽世事后，依然满怀希望。

（3）做人典范——谦谦君子。

君子风范历来是中国读书人追求的做人目标。孔子认为：“质胜文则野，文胜质则史。文质彬彬，然后君子。”（《论语·雍也》）关于君子，孔子有很多论述，诸如“君子怀德，小人怀土；君子怀刑，小人怀惠”“君子欲讷于言，而敏于行”“君子喻于义，小人喻于利”等，意在说明君子与小人的区别。

君子是中国人追求的完人典范，中国人修身养性的极致追求，同时也是中华优秀传统文化的核心词汇，品德高尚、谦虚有礼的人一直被人们称为“谦谦君子”。晚清辜鸿铭曾说：“孔子全部的哲学体系和道德教诲可以归纳为一句，即‘君子之道’。”①

作为中国人历来推崇的人格范式，“君子”具有三个明显特点：第一，“君子”定当以天下兴亡、匹夫有责为己任，胸怀天下，具有普通民众所没有的责任意识与家国情怀。第二，己立立人、己达达人的人文关怀。人生活在社会里，必然要与形形色色的人交往，必然要处理各种各样复杂的人际关系。“君子”的毕生追求，就是既成就了自己，同时也成就了他人。第三，“君子”在修身原则上讲究自律自省，自我约束。孔子讲“吾日三省吾身”，自省是“君子”达到厚德载物、明德至善的必经途径。

简单说来，君子人格可以从四个方面培育：正心、正道、正见、正行。所谓正心，就是要修炼仁爱、至善之心，并保持之。君子文化十分强调“正心诚意”对于为人处世、成就事业的重要性。正大光明之心即君子。心正，境界自高，胸怀自宽，杂念自无，贪欲自失；心正，才能行正、身正，才能成为君子。正道，即不忧虑、不迷惑、不惧怕，这是君子必备的基本素养。孔子曰：“君子道者三，我无能焉：仁者不忧，知者不惑，勇者不惧。”正见，即正确的思想观念和言论，正见的达成关键在于君子不断学习、思考、实践的人生历程。正行，即君子之正，

① 辜鸿铭：《中国人的精神》，载邓九平主编《谈人生》（第 3 版），大众文艺出版社，2009，第 5 页。

关键在于“行”正。修身自省是君子的毕生功课，贵有恒，终身修炼，毕生奋斗。唯有才是真君子，唯其才成真君子[①]。

（4）教育问题——大师风范。

因材施教是孔子教育思想的核心之一，所谓因材施教，就是根据学生的认知水平、兴趣爱好分别确立对学生的教育方法，目的是激发每一个学生的潜能，让学生成为更好的自己。因材施教要求教师对每一位学生都有准确详细的了解，然后面对学生的提问才能提出富有成效以及建设性的意见。子路问：“闻斯行诸？”子曰：“有父兄在，如之何闻斯行之？”冉有问：“闻斯行诸？”子曰：“闻斯行之。”公西华曰：“由也问：‘闻斯行诸’，子曰‘有父兄在’。求也问：‘闻斯行诸’，子曰‘闻斯行之’。赤也惑，敢问。”子曰：“求也退，故进之。由也兼人，故退之。”（《论语·先进》）面对子路与冉有两个性格截然不同的人，即使是同一个问题，孔子的回答也是不一样的。子路性格急躁做事鲁莽，孔子要求他遵从父亲兄长的意思，不要自己贸然行动，而冉有性格本来就非常柔弱，做事畏畏缩缩、瞻前顾后，孔子对他采取的是肯定、激励的教育方式。

另外，孔子能够针对学生的不同个性特点提出学生未来发展的方向。“德行：颜渊，闵子骞，冉伯牛，仲弓。言语：宰我，子贡。政事：冉有，季路。文学：子游，子夏。”（《论语·先进》）善于政治的子路可以作管理军政的官员，德行高洁的仲弓可以为君王，子贡是一个非常优秀的外交官。因材施教，与当下教学领域内的“一刀切”作风完全相反。“一刀切”教学模式中，学生感受不到来自教师的关心与爱护，学习的主动性、积极性并不高，不利于学生的未来发展。

孔子在教育问题上还有一个非常新颖的观点，即人与人之间包括师生之间是互相学习的，所谓“三人行，必有我师焉”。老师向学生传授知识，弟子要认真恭

① 吴延芝、孙晓华：《中华传统文化教程》，山东大学出版社，2019，第 26 页。

敬听讲，但并不代表学生对于教师必须盲从。每个人身上都有自己的优点，都值得别人去学习。教师要放下教师的架子，虚心向学生学习，学生也要尊敬老师，做到“教学相长”。

时间进入到21世纪，人类已经进入高速发展的信息时代。信息时代的特点是信息来源更加复杂化多样化，学生尤其是大学生在信息接受速度、程度和广度上较之前有了很大的不同，对于教师的接受度、尊敬程度呈现逐渐下降趋势。变化了的世情、学情对于教师乃至整个教育行业都是一个巨大的挑战。针对这个问题，孔子的因材施教、教学相长原则，在今天依然有其鲜活的时代价值。

（5）鬼神问题——敬而远之。

孔子的生死观奠定了中国人对于生死、鬼神的主基调，即“敬而远之”。孔子不事鬼神的思想对中国人的影响是非常巨大的。孔子反对将希望寄托在虚无缥缈的鬼神身上，反对在人世间的事情都没做好的情况下，把时间、精力、金钱等花费在敬奉鬼神上面。

孔子及其创立的儒学体系，总体来说是一种积极向上的学说。积极进取是儒家思想的典型特征，也是儒家思想区别于道家思想与其他思想流派的主要标准。作为周游列国的哲学家孔子，最令人钦佩的就是“知其不可而为之”的精神，这也是孔子一生的绝佳写照。孔子一生遵道而行，修德成己，又以天下为己任，自信天下若按自己提供的方案去治理，很快即可进入太平盛世。即使四处碰壁，在外游历十多年，理想抱负终难实现，也始终坚信真理在握，自己只是时运不济罢了。

当然，孔子也曾说过“道之将行也与？命也。道之将废也与？命也”（《论语·宪问》），意思是说人有时候是无能为力的。当他觉得有些事情仅凭一己之力无法控制之时，孔子就会求助于“命”。这并不是迷信，而是非常实用的处世之道。

事实上，很多时候，当我们付出所有努力却依然无法改变事态局面之时，不妨与自己和解，把一切归于天命，这既是一种心理安慰，同时也可以避免让自己陷入懊恼与自责而无法自拔。

更加难能可贵的是，孔子虽然意识到天命难违，但他并没有向命运低头。他并不欣赏隐居避世之人，“鸟兽不可与同群，吾非斯人之徒与而谁与？天下有道，丘不与易也。”（《论语·微子》）意思是说，即使世事没有我想象的那般美好，我还是决定与人类而非山林鸟兽为友。如果觉得社会黑暗，作为人，应该是尽自己最大能力去改变。在儒家看来，人生在世，都要有自己的奋斗目标，有自己应当去做的事情。最重要的是做这些事情并不是为了获得名誉抑或取悦他人，而在于做自己应当做的事情，其价值就在于“做”，而不是“做”之后的结果如何。子曰：“不怨天，不尤人，下学而上达，知我者其天乎！”（《论语·宪问》）

（6）做人原则——“己所不欲，勿施于人”。

所谓“己所不欲，勿施于人”，意思是自己都不想要的就不要再强加给别人了。这是孔子一贯倡导的做人原则，是一个推己及人的过程。它要求我们在说话做事的时候，一定要优先考虑这件事情有可能会给别人带来怎样的结果。如果因为我们自己的原因而影响到他人的正常生活，那我们就要重新评估自己做这件事情的必要性。

马克思主义认为，社会存在决定社会意识。新时代的大学生生活环境大都安稳优越，受到家庭的精心呵护，父母受教育程度比较高，家庭氛围相对比较宽松、民主、富裕，这也造成新生代大学生民主意识、独立意识都比较强，凡事比较有主见，更在乎自我的感受，审美意识、对于物质生活的要求也相对比较高；另一方面，生理上较以前的大学生成熟较早，但心理上由于习惯了家庭中的众星捧月，心理承受能力较弱，人际关系处理能力也存在一些问题，团队意识、牺牲精神严重不足，不喜欢教条式或者填鸭式说教方法。

另外，当代大学生更容易接受新鲜事物，网络的普及、手机的应用以及授课方式的变化，都使得他们能够获取到更多的信息，不过往往都是些比较碎片化甚至负面化的信息。从小学到中学，教师除了授课之外，都或多或少承担了一部分父母的功能，尤其是在一些寄宿制学校，教师与学生的关系是亦师亦友。一旦升入大学，大部分大学专职教师与学生的交流相对较少，父母也不在身边。另外，在大学阶段，对于学业水平的要求与中学并不完全相同，这使得不少学生很不适应，会产生一种孤单感、无助感。有人会沉迷网络，寻求精神的寄托或刺激，或因现实生活中无法获得认同感而逃避社会，在网络世界寻求精神解脱与慰藉。而一旦回到现实世界中，他们就变得焦躁不安，不知道该做什么，甚至认为是世界抛弃了他们。据调查，遇到挫折后，72.3%的人会开始怀疑自己的能力，5.1%的同学会因此一蹶不振，只有 9.4%的新生愿意总结经验从头再来，这组数据表明，部分大学生抗挫折能力明显不足。

“己所不欲，勿施于人”是一种推己及人的过程，也是破解此类难题的关键，要求我们设身处地为他人考虑，这看似简单，其实包含着很深的道理。看似容易，要做到有一定的难度。如果大学生能时刻注意并努力恪守“己所不欲，勿施于人”的原则，纠纷就会大大减少，与同学、师长的关系就会更加和谐与温馨。

（二）儒学的教育影响力

儒学即儒家思想，起源于孔子，是春秋战国时期百家争鸣的结果，核心思想是“仁政”“爱人”。经汉初董仲舒的精心设计，自汉武帝时起，儒学逐渐成为中国传统社会的正统思想，影响范围广泛，是中国传统文化的主流与正宗，影响到每一位中国人。

1. 儒学经历的阶段

（1）孔子与早期儒学。

孔子生活的年代，战争频发，人民生活困苦不堪。但恰恰是这样的年代，滋养了灿烂辉煌的中国古代文化。20 世纪 40 年代，德国著名思想家雅斯贝尔斯在《历史的起源与目标》一书中，第一次提出“轴心时代”的概念，他认为公元前 800 年－公元前 200 年，在北纬 30° 左右的地区，诞生了苏格拉底、柏拉图、佛陀、孔子、老子等先哲，这个阶段堪称人类文明的“轴心时代”，是塑造人类精神与世界观的黄金时代。“轴心时代”的思想体系，奠定了各个地区文明的基础与主基调，同时也是人类文明永恒的思想源泉，至今仍然深深地影响着现代人的生活。按照雅斯贝尔斯的观点，中国的“轴心时代”以孔子、老子等对中国传统文化形成深远影响的哲学家为代表。作为儒家思想的创立者，孔子思想的核心是“仁”，主张“仁者爱人”，反对暴政酷刑，主张“克己复礼”，恢复西周时期的礼制，构建了一整套伦理道德与政治统治秩序相结合的人伦法则，从而建构起整个中华民族的文化主基调。

孔子之后，儒学在孟子、荀子那里得到更广泛的发挥。孟子主张“仁政”，在此基础上形成了较早期的民本思想，即“民为贵，社稷次之，君为轻”。与孟子的性善论不同，荀子的思想是建立在性恶论基础上的，强调由“礼”即法律来规范人们的思想行为。

（2）两汉时期儒学的政治化。

西汉时期，汉武帝接受董仲舒“独尊儒术”的主张，使得儒家思想在当时呈现出一家独大的现象，并且逐渐从学术思想转变为政治治理工具，其他诸如道家、法家等学说逐渐消沉。这种经过重新包装的儒家政治伦理思想形态，具有为国家服务的神圣化、纲常化、制度化特征，儒家思想正式成为中国封建社会的统治思想。

（3）魏晋时期的玄学儒家。

汉末由于政治的腐败纷争，经学陷入烦琐庸俗的泥潭，到魏晋南北朝时期，出现以老庄学说注释、理解儒家经典的清谈风潮，这就是当时风行的玄学。玄学从内容上会通儒道，旁及名法诸家学说，采取思辨哲学的形式和方法，探讨有无、本末、体用、言意以及自然与名教等哲学范畴，但基本内容是名教与自然的辩论。通过论争宇宙万物的本体、人生的意义，为当时的政治伦理寻找哲学根源。

（4）程朱理学与儒学正宗地位。

魏晋南北朝时期，佛教开始传入中国并日渐兴盛起来，使传统儒家统治地位受到严峻挑战。儒家自孔子始基本不谈生死鬼神，季路问事鬼神。子曰："未能事人，焉能事鬼？"曰："敢问死？"曰："未知生，焉知死？"（《论语·先进》）可见孔子的关注点在今生。但这恰恰正是孔子儒学的缺憾，无法回应普通民众关于来世的疑惑与关切，这就为佛教思想在中国的传播留足了空间。南北朝时期，由印度传入的佛教思想对本土的儒家思想产生强烈冲击，"南朝四百八十寺"的盛景更加凸显出佛教的兴盛与儒家思想的没落。朱熹审时度势，对传统儒学进行改造，融入部分佛教思想，回应了人们对于生死、来世的困惑，把儒家思想重新拉回主流地位。一句话，儒学在中国两宋以后的发展，朱熹功不可没。由朱熹注释的《四书章句集注》也成为元、明、清科举考试的范本。

（5）现代新儒学的发展。

现代新儒学是儒学思想基于近现代中国形势变化而产生的文化思潮。它产生于"五四"运动时期，20 世纪 50 年代以后逐渐向国外发展，21 世纪以后逐渐回流国内，其发展可以大致分为三个阶段。

第一阶段为 1919—1949 年间。在这一时期，旧中国内忧外患，一批抱着救亡图存梦想的年轻人开始向内寻求救国图存道路，他们把旧中国之所以积贫积弱最主要的原因归咎于儒家思想，为此必须进行一场精神解放运动，对孔子、儒学进行有力的批判。“打倒孔家店”成为“五四”运动的口号，但凡是要接受一种新思潮，必须把儒家思想进行一次彻底地批判，唯其如此，才能彰显与过去彻底决裂的勇气与决心。在这种潮流的冲击下，儒家传统对中国知识分子的吸引力丧失殆尽。之后，中国学界一批冷静下来的学者开始认真思考关于孔子的评价和中国传统文化的批判与继承问题。他们对孔子、儒家政治思想开始重新研究并且颇有收获，代表人物有梁漱溟、张君劢、冯友兰、熊十力、贺麟等。

第二阶段为建国之后到文化大革命结束，儒家文化尤其是儒家政治思想既没有生存和发展的土壤，也没有传播的市场和条件，现代新儒学的势力被迫转至香港及台湾两地且得到重要发展，主要代表人物有唐君毅、牟宗三、徐复观、方东美等人。

第三阶段，改革开放以来，随着对于传统文化的重视与保护，儒学迎来了又一次发展的黄金时期，并随着蓬勃而起的改革开放和现代化建设兴盛起来，甚至成为当代中国的“显学”，对待孔子儒学之态度的根本性改变是儒学研究之繁荣的内在表现。代表人物有杜维明、余英时、成中英、刘述先等。

2. 儒学杰出代表

自孔子之后，引领时代思想潮流的历代儒学大师如璀璨星辰，熠熠生辉。他们的思想照亮了整个中华民族五千年的文明史，延续着古老中国的气质与文明，是中华文明一脉相承的重要节点，他们的名字注定要被后世铭记。

（1）孔子——儒学思想的开创者。

生逢乱世的孔子，一生执着于儒家思想的创立与传播，杏坛设教、周游列国、因材施教、述而不作，被后世奉为“至圣先师”，思想“金声玉振”，后人形容他的思想犹如“万仞宫墙”，成为中华民族文化史上的坐标。

（2）孟子、荀子——儒学思想的继任者。

孟子、荀子是继孔子之后两位最伟大的儒学大师。他们分别从性善、性恶两个不同的角度阐释、发挥儒家思想，在普通中国人心目中，孟子的儒家思想更接近于孔子思想，由此，儒家思想也被称为孔孟思想。

（3）董仲舒——儒家思想的护卫者。

为了维护大汉王朝的统治地位，董仲舒敏锐地意识到思想统一对于政权稳定的重要意义，因此构筑起一整套“三纲五常”的思想体系，奠定封建伦理纲常的基础。儒家思想也正式成为中国封建社会的正统与主流。

（4）朱熹——儒家思想的中流砥柱。

朱熹生活的南宋时期，佛教等外来思想的传入一度威胁到儒家思想的地位。朱熹审时度势，广泛吸收道家、佛家思想的精华，融入儒学思想，其所著的《四书章句集注》成为儒家思想最标准的注释，朱熹更是成为唯一一位非孔子弟子而配享文庙的人。

（5）王阳明——儒家思想的“三不朽”者。

与程朱理学不同，阳明心学强调知行合一，要塑造自己的内心世界，不断反省自己，改正自己的错误，充分发挥主观能动性，寻找到自己的人生目标，儒学得以重振。

作为中国传统思想的主流与正宗，儒家思想涉猎广泛，涵盖政治、经济、文化、外交、教育等诸多范畴。伴随着儒家思想的传播，亚洲各国包括日本、新加坡等国家也深受儒家思想的影响。在今天，儒家思想更是伴随着世界各国孔子学院的建立，影响力遍及世界各地。

3. 儒学主要教育思想

作为当代大学生，儒学思想尤其是其中蕴含的宝贵教育价值是需要我们认真探讨与学习的内容。“以古知今、以古鉴今”，儒学的教育价值魅力就在于此。

（1）“三人行必有我师”。

“三人行，必有我师焉。择其善者而从之，其不善者而改之。”（《论语·述而》）意思是每个人身上都有优点，都有值得我们认真学习的地方。人不能妄自菲薄，更不能自高自大。即使是教师，也会有知识上的不足，也需要向别人学习。当然，在向别人学习的过程中，我们要分清楚优点、缺点。学习善的、好的，抛弃不善的、鄙陋的。孔子一生勤学好问，不放弃一切学习的机会，郯国的国君到鲁国来朝见鲁公，谈论少昊氏何以以鸟名官，孔子听说后，便前往求教。孔子曾适周问礼于老聃。进入鲁国太庙时，遇有不明白的事情便一一询问请教。他还向师襄学琴，问乐于苌弘。“三人行必有我师”非常符合唯物辩证法所讲的“扬弃”。所谓“扬弃”，就是在发扬、继承对方优点的同时抛弃缺点。“人人皆可为尧舜”，充分彰显孔子善于学习、愿意学习、乐于学习的性格优点，当代大学生也应该学习孔子这种谦虚、乐学的精神，积极向老师学习，向身边同学学习，向从事物质生产的劳动人民学习，把论文写在大地，把事业扎根在祖国最需要的土壤上。

（2）举一反三。

子曰：“不愤不启，不悱不发。举一隅不以三隅反，则不复也。”（《论语·述而》）意思是说，我说出一件事情，你们要能灵活地推想到另外三个相关的事情，如果不能，我也不会再教你们了。孔子这句话，强调的是学生学习的自主性与积极性。从事教育事业，兴趣是最好的教师。要提高学生的学习成绩，兴趣是最重要的因素。关于学习效果的相关研究表明，如果学生对其所聆听的课程感兴趣，就会发挥其才能的 80%～90%；如果学生对教师的课程不感兴趣，教育效果就会大打折扣。古今中外，凡是在某一领域有所成就，无不是对所从事的事业有着浓厚兴趣。儿时的达尔文并不聪明，在家人眼里，他只是一个资质非常平庸的孩子，可达尔文酷爱大自然，周围的动物、植物对达尔文有着莫大的吸引力。他以极大的兴趣走进大自然，收集各种动物、植物，带回家中制成标本。正是一以贯之坚持自己的爱好，达尔文才成为世界上伟大的生物学家，“物竞天择，适者生存”的理念也成为我们耳熟能详的生存法则。

（3）学而不厌。

子曰：“默而识之，学而不厌，诲人不倦，何有于我哉。”（《论语·述而》）意思是说对于学习不能感到厌烦。这一教育理念在今天我们可以理解为终身学习的思想。所谓终身学习，是指社会每个成员为适应社会发展和实现个体发展的需要，贯穿于人的一生的持续的学习过程。新时期社会的、职业的、家庭日常生活的急剧变化，导致人们必须更新知识观念，以获得新的适应力。终身学习要求我们将学习理念、学习行为贯穿到人的生活中，活到老学到老。终身教育理念对于教师和学生同样适用。对于教师而言，掌握一定的专业知识是为人师表的必备条件，但是随着信息时代的来临，学生获取知识的途径变得越来越多、越来越广泛，对教师逐渐少了一些崇拜，这对于教师而言是一个巨大的挑战，要想满足学生对于知识的渴求，教师不能放松学习，不仅要学习专业知识，还要学习各种先进教育思想、学生心理学以及时政热点、教学辅助技术等。终身学习理念对于学生而言同样意义非凡，科学技术日新月异，随之而来的是家庭、社会、职业的种种变化，若要与之相适应，学生就必须用新的知识、技能和观念来武装自己。

第二章　孟子的教育思想及其当代价值

孟子，名轲，生于公元前 390 年，卒于公元前 305 年，战国时期邹县人，晚于孔子大约 100 年左右。《史记》中明确记载，孟子曾经受业于子思门人，子思是孔子的孙子。孟子学成之后曾经周游列国，向诸侯游说儒家思想。据史料记载，孟子曾经去过齐国、宋国，后来还曾经去过梁国、滕国。孟子博学多才，继承儒家“仁”的学说，主张“仁政”“爱人”。作为儒家思想的重要代表人物，孟子一生刚正直爽，关心百姓疾苦。太史公曰：“余读孟子书，至梁惠王问‘何以利吾国’，未尝不废书而叹也。曰：‘嗟乎，利诚乱之始也。夫子罕言利者，常防其原也’。故曰‘放于利而行，多怨’。自天子至于庶人，好利之弊何以异哉。孟轲，邹人也。受业子思之门人。道既通，游事齐宣王，宣王不能用。适梁，梁惠王不果所言，则见以为迂远而阔于事情。当是之时，秦用商鞅，富国强兵；楚、魏用吴起，战胜弱敌；齐威王、宣王用孙子、田忌之徒，而诸侯东面朝齐。天下方务于合纵连衡，以攻伐为贤，而孟轲乃述唐、虞、三代之德，是以所如者不合。退而与万章之徒序《诗》《书》，述仲尼之意，作《孟子》七篇。”[①]

与孔子的经历类似，孟子生前其思想主张并没有得到足够的重视，直到晚唐以后，孟子的地位才开始逐渐提升。韩愈提出道统由孔子传至孟子的说法，开始将孟子摆到儒家思想正统继承人的地位上。孟子地位的真正提高是在南宋之后，朱熹把传统的儒家经典著作《大学》《中庸》《论语》与《孟子》合称为四书，并

① 司马迁：《史记》，上海古籍出版社，2016，第 1761 页。

且针对四书进行注释，史称《四书章句集注》，其为元以后科举考试的经典著作。1330 年孟子又被封为“亚圣公”，由此正式奠定孟子的历史地位，后人习惯称儒家思想为孔孟思想。

《孟子》一书内容丰富，涵盖政治、经济、伦理、教育等诸多内容，是继《论语》之后又一部儒家经典著作。孟子的思想源于孔子，与孔子又有所不同。孟子，作为儒家思想的代表，其思想博大精深，《孟子》一书中有许多关于教育思想的论述，主要包括重视教育、性善论、仁义论、修身论等。在今天来看，孟子的教育思想依然有其时代价值与参考意义。

一、重视学校教育

孟子曰：“君子有三乐，而王天下不与存焉。父母俱存，兄弟无故，一乐也；仰不愧于天，俯不怍于人，二乐也；得天下英才而教育之，三乐也。君子有三乐，而王天下不与存焉。”在孟子看来，能够得天下英才而教育之，是人生最快乐的事情之一。

在孟子与梁惠王的谈话中，孟子详细表达了他对于教育的重视以及心目中的理想社会。“谨庠序之教，申之以孝悌之义，颁白者不负戴于道路矣。”学校在商朝时称为庠，在周朝时则称为序。这句话的意思是说，用心办好学校教育，向学生讲授儒家的仁义孝悌思想，反复强调仁义、孝悌对于做人的重要性，这样每个人都能够安稳生活，国家就能够长治久安。

目前人们普遍认为学校大约产生于奴隶社会初期。在我国，严格意义上的学校产生于夏朝。夏朝当时已有“庠”“序”“校”三种教育机构。“庠”是兼施养老与教育的机构，“序”具有明显武士教育的特点，“校”则是一种比较完备的军体性的教育机构。到了商朝又增加了“学”和“营宗”。“学”已包含了学校教育的基本特征，即有一定的场所、有一定的学习内容和教与学的活动，标志着我国学校教育的成型。“营宗”是传授礼乐，造就士子的专门机构。到西周已有比较完备的学校教育体制，包括“成均”“上庠”“辟雍”“东序”“瞽宗”“拌宫”在内的大学和小学，以及“塾”“庠”“序”“校”等国学和乡学的两级学校。

秦汉以后，由于社会生产力明显提高，学校教育继续发展，教育制度进一步完善和系统化，出现了以传授知识、研究学问为主要任务的“太学”。唐代，官学制度达到相当完备的程度：中央有六学二馆，地方有州学、府学和县学，此外还有大量的私学和书院。

在人类文明史上，学校教育始终是学生接受教育的主要场所，现代社会更是如此。学校教育通常由专业人士承担，目标明确、学制清晰、考核严格。到目前为止，学校教育已经成为世界各国培养人才最主要的基地。

现代意义上的大学，是指受启蒙运动影响而兴建的宣扬民主、文明、理性的新型大学，一般以 1809 年德国柏林大学的创立为现代大学诞生的标志。中国第一所现代意义上的大学是北洋大学堂，而 1898 年成立的京师大学堂则是中国第一所综合性的公办大学。

纵览世界，凡是实力强盛的国家无不重视教育。日本重视教育的传统由来已久。自明治维新时，日本政府就宣布要在全国实施义务教育，经过近 30 年的努力，日本在全国范围内普及了初中义务教育，这在当时的世界范围内是首屈一指的，比美国早 4 年，比法国早 10 年。正如日本前内阁总理大臣福田赳夫在一次施政演说中所说的：“人是我国的财富，教育是国政的根本。”1945 年第二次世界大战结束，日本成了战败国，国内满目疮痍。日本政府依然在教育上投入大量经费，国民高等教育普及率一直走在世界前列，这也是日本在战后迅速崛起的主要原因。

犹太民族一直被认为是世界上最聪明的民族。犹太人口只占到世界人口总量的 0.3%，1947 年以前，他们甚至没有自己的国家，但诺贝尔奖的获得者却占到总得奖人数的 22%，高于世界上任何其他民族，令人赞叹不已。犹太人认为，唯有教育才是改变人生、命运最主要的因素。

孟子重视教育的思想传统对于中华民族的发展影响深远，尤其是新中国成立以来，教育事业备受关注，取得了突飞猛进的发展，为新中国建设事业培养了大量人才。据统计，“2019 年，全国共有各级各类学校 53.01 万所，各级各类学历教育在校生 2.82 亿人，各级各类教育事业发展取得了新进展：全国共有幼儿园 28.12 万所，在园幼儿 4713.88 万人，学前教育毛入园率达到 83.4%；义务教育阶段学校 21.26 万所，在校生 1.54 亿人，九年义务教育巩固率 94.8%；高中阶段教育学校 2.44 万所，高中阶段毛入学率 89.5%；全国各类高等教育在学总规模 4002 万人，高等教育毛入学率 51.6%。”①

大学存在的意义，并不是完全的知识传授，更多的是指大学精神的构建与传播。所谓大学精神，是一所大学在几代人的努力之下所创造的独特且稳定的追求、理想、信念，是一所大学的灵魂与气质以及异于其他大学的特征。世界名校能够吸引人才源源不断而来，正是因为其独特的办学理念、人才培养模式等内在的大学精神。大学精神并无固定的标准，但是追求真理、崇尚实践、思想独立以及社会责任无疑是大学精神最主要的内容。

大学精神的内涵在今天被进一步概括整理为创新精神、独立意识以及社会责任感。“创新能力，就是破除迷信，超越过时的陈规，善于因时制宜、知难而进、开拓创新的能力。”②思维的发展与深化离不开创新，当今世界，知识经济飞速发展，创新已经成为社会进步的主导力量与重要源泉，只有善于开发和运用创新思

---

① 教育部. 2020 年全国教育事业发展统计公报。

② 《马克思主义基本原理概论》，高等教育出版社，2018 年第 7 版，第 53 页。

维能力，才能紧跟时代步伐，更好地回应和解决时代发展所提出的问题。明者因时而变，知者随世而制。解决深层次矛盾的问题，根本出路在于创新，唯创新者进，唯创新者强，唯创新者胜，生活从不眷顾因循守旧、满足现状者，从不等待不思进取、坐享其成者，而是将更多机遇留给善于和用于创新的人。

大学应该具备必要的社会责任感。正如复旦大学校长杨玉良 2010 年曾经讲过的："一所优秀的大学必然具备强烈的责任感。没有社会责任感的大学是十分可怕的，它会在社会各种各样的诱惑中迷失方向，流于平庸，自甘堕落。同样，人若是缺乏责任感，他的眼光必然会短视和功利，大学一定不能丢弃它对社会的责任感，大学必须站在时代的前列，必须思考未来。大学要经常思考，十到二十年后中国将会是怎么样？十到二十年后世界将会是怎么样？那个时候的世界和中国需要怎样的大学？需要怎样的人才？同时，我们更有必要认真面对当前大学所暴露出来的各种各样的问题，因为十到二十年后复旦学子在学术、政治、医疗、经济、文化和舆论等各个方面的表现，恰恰是由今天我们在人才培养方面付出的努力所决定的。我们有必要经常想一想，什么是我们真正的办学目标，我们是不是坚守着学术的理想，是不是坚持去捍卫真理，是不是保持着对国家、对民族、乃至对整个人类的强烈责任；我们是不是爱我们的学生，尊重他们的才华，有没有全心全意为他们创造最好的学习环境？爱因斯坦说过，一个和谐发展的人，必须学会理解人类的目的、梦想和苦难，以便与其他个体和整个团体建立正确的关系，爱因斯坦以此作为反对过度的专业教育、支持通识教育的理由。我们也希望通过弘扬通识教育的精神，让每一个复旦人怀有理想之心，拥有广阔的视野、批判的思维和独特的个性，养成宽容、尊重、公正和坦诚的心态。当我们的毕业生走上社会，开始思考自己前途和命运的时候，我们既要看到未来社会发展给我们带来的前景和机遇，也要清醒地认识到社会所面临的危机和积累的矛盾。这样的危机会把我们都变成狭隘的功利主义者，一心关注的只是自己的个人利益。”①

二、性善思想

人性论是教育的基础。古今中外，不同的思想家分别基于善恶两个方面，对于教育提出自己的观点和主张。孔子是中国古代较早关注人性善恶的思想家。孟子作为儒家思想的继承人，较早提出人性本善，这也是孟子教育思想的核心。为了论证人性本善，孟子以见孺子入井为例：“所以谓人皆有不忍人之心者，今人乍见孺子将入于井，皆有怵惕恻隐之心。非所以内交于孺子之父母也，非所以要誉于乡党朋友也，非恶其声而然也。由是观之，无恻隐之心，非人也；无羞恶之心，非人也；无辞让之心，非人也；无是非之心，非人也。恻隐之心，仁之端也；羞恶之心，义之端也；辞让之心，礼之端也；是非之心，智之端也。人之有是四端也，犹其有四体也。有是四端而自谓不能者，自贼者也；谓其君不能者，贼其君者也。”

《孟子》文采斐然、语言华美，具有很强的说理性。孟子从孺子入井的故事说起，着重论证人性中的善，说明人皆有恻隐之心，为自己的性善论奠定理论基础。性善论不仅是孟子人性论的基础，更是孟子所有理论学说的基础。恻隐之心、辞让之心、是非之心和羞恶之心，是人之为人的根本，如果没有就与禽兽无异了。而这四种“心”就是仁义礼智的体现，也是作为人的道德基础存在的，孟子称为“四端”。其中，恻隐之心是仁的本源，羞恶之心是义的本源，辞让之心是礼的本源，而是非之心则是智的本源。从人性本善上升为人、义、礼、智四端，初步构建起封建社会人人必须遵守的道德准则。孟子提出的这种“明人伦”的道德教育，目的就在于社会和谐应该以家庭和谐为基础。在家庭中，儿女孝顺父母，夫妇相敬相爱，兄弟之间和睦相处。有了这样的道德基础，在社会上就会做到朋友之间

① 杨玉良：《没有社会责任感的大学是十分可怕的》，《光明日报》2010 年 7 月 13 日 05 版。

讲究诚信，推而广之，人与人之间都能做到“仁义”“诚信”，一些欺骗、见利忘义的事件就不会发生。

以孔子、孟子为代表的儒家思想在中国社会占据主流地位，孟子的性善论对于中国文化的气质、甚至每个中国人的气质都有深刻的影响。在西方，除却宗教观点，对人性善恶论述最充分、影响最大的是柏拉图。早年的柏拉图也曾经在性善论与性恶论之间摇摆，但是思想成熟之后的柏拉图是一个坚定的性恶论者。在其晚年著作《法律篇》中，柏拉图说：“人性是贪婪与自私的，绝对的权力导致腐败和毁灭，一个国家的法律如果在官吏之上，而这些官吏服从法律，这个国家就会获得诸神的保佑和赐福。”正是因为相信人性本恶，柏拉图认为权利如果掌握在人的手中会导致腐败和毁灭，而权利的过分集中则会导致更恶。如何消解人性恶带来的弊端，柏拉图也提出自己的主张，那就是分权与制衡。把权利分解为不同的部分，这几部分之间互相制约、彼此平衡，这样就可以消解人性恶带来的影响。柏拉图人性恶的思想以及基于人性恶基础上产生的分权与制衡的思想对于美国的政治体制具有很大影响，三权分离制度就是在此基础上提出的。

在孟子人性善的基础上，中国古代的政治体制里面更多的是对于人性善的褒扬与依赖。我们相信人性本善，愿意把国家交给善良的人去治理。所以在古代中国，选拔人才的关键在于人的品德与德行。比如举孝廉制度，这种制度始于汉朝，是一种官吏选拔制度，这种制度对于被选拔人的德行尤为看中，是一种由下向上推选人才为官的制度。

荀子也是儒家思想的代表，但是荀子的思想与孔子、孟子又有诸多不同。在人性问题上，荀子主张人性本恶，因此要用“礼”即法律约束人们的言行。这种人性恶思想也影响到弟子，李斯、韩非虽然是荀子的弟子，但他们却是法家思想的代言人，法家思想建立的基础就是人性恶。

在孟子看来，人性是善良的，即使在不得已的时候做出违背善良意志的事情，也是因为环境的影响、外部诱惑等不良因素导致。学生同样如此，即使是学生因为环境的影响而做错了某件事情或者误入歧途，教育工作者都不能因此而放弃对于学生的关心与爱护。学校是允许学生犯错的地方。对于教师而言，不仅要包容学生的缺点错误，还要帮助学生分析犯错误的原因以及改正方案，让学生朝着健康正确的方向成长；善于看到学生身上的优点与长处，不吝啬自己的赞赏与表扬，积极将“问题生”转换成“优等生”。“既往不咎”并不是要求教师对于学生的过错失误不管不问、视而不见，而是要运用正确的教育技巧，把学生引导到正确的成长路径上来，给予学生更多的关心鼓励，从而取得良好的教育效果。鼓励、支持是人生成长的推进剂，它会催生人才创造奇迹。我们每一个人在成长的过程中都需要来自别人的关心与鼓励，尤其是来自身边亲人、师长的支持。

三、培养浩然正气

公孙丑问曰：“敢问夫子恶乎长？”曰：“我知言，我善养吾浩然之气。”“敢问何谓浩然之气？”曰：“难言也。其为气也，至大至刚，以直养而无害，则塞于天地之间。其为气也，配义与道；无是，馁也。是集义所生者，非义袭而取之也。行有不慊于心，则馁矣。我故曰，告子未尝知义，以其外之也。必有事焉而勿正，心勿忘，勿助长也。无若宋人然：宋人有闵其苗之不长而揠之者，芒芒然归，谓其人曰：‘今日病矣，予助苗长矣。’其子趋而往视之，苗则槁矣。天下之不助苗长者寡矣。以为无益而舍之者，不耘苗者也；助之长者，揠苗者也，非徒无益，而又害之。”在孟子看来，教育的最终目的是要培养人的浩然正气。这里的“浩然”，指正大刚直的样子。“浩然之气”用来形容刚正之气、人间正气。在孟子看来，一个人只有不断修养自己，养成浩然正气，才能抵御外界的不良诱惑，遵从自己的内心世界，在面对任何威胁或者诱惑之时镇静自若、处变不惊，做一个真正高尚的人。

浩然正气的养成与培养需要以下几个步骤：首先，浩然正气作为人类的优秀品德，不是一朝一夕就可以形成的，它需要一个漫长的过程，这就要求我们在对学生进行教育的时候，注意从小事做起，关注学生的日常生活，从点滴的实践中培养。一言一行、一举一动，都是对于浩然正气的存储。浩然之气要求人们做事要有原则、有底线。“所谓底线，就是不可逾越的界限，是事物发生质变的临界点。坚持与运用好底线思维，培养和提高底线思维能力，一方面要严守原则，不仅要划清底线，也要坚守底线，不能踩红线。另一方面，要以积极的态度研判风险、防患未然，牢牢掌握战略主动权，坚定信心，以实际行动化解风险，做到居安思危。”[①]做人做事都要有底线，没有底线的人，已经失去了做人的原则与根本，也没有人愿意与这样的人交往。做人有底线，方能成就自己、提升自己。教师同样如此，一定要有自己的原则和底线。恪守原则与底线，会受人尊敬与欢迎。如果失去了原则与底线，行动就会缺乏指引，在人生的道路上会茫然无措。其次，多读书、读好书是培养浩然正气最重要的手段。书籍是人类进步的阶梯，是人类知识的海洋，是无数先人人生经验的总结。多读书，可以提升自己的境界，提高分析判断问题的能力。读书，就如同在与作者进行精神上的交流，作者的喜怒哀乐、人生阅历，无一不是我们成长的阶梯。教师一定要教育引导学生多读书。当今社会，科学技术迅猛发展，手机已经普及，由此带来快餐式、碎片化阅读模式正在侵染着越来越多的青少年，一方面，手机阅读的确给我们带来很多方便，只要有手机和网络，在线阅读就可以轻松进行，大量碎片化的时间都可以充分利用，只是手机上的大量信息是没有经过验证的虚假信息，提供在线阅读的网站水平、推荐书目也良莠不齐。教师可以引导学生在进行正确在线阅读的情况下，阅读纸质

① 《马克思主义基本原理概论》，高等教育出版社，2007，第 52 页。

经典著作。人类文明几千年，文明成果数不胜数，能够流传到今天的，都是经历了时间与岁月的磨砺，大浪淘沙之后的经典之作。在教学过程中，也发现有些学生对于经典著作尤其是中国传统文化经典著作阅读较少，人文素养有待提高。教师可以有意识在教学过程中引导学生阅读中华经典著作，通过组织经典读书会、读书比赛等活动，鼓励学生阅读纸质经典，增强学生对于传统文化的了解与热爱。另外，教师可以利用课余时间，组织学生去所在学校附近的历史遗迹参观游览，亲身感受来自英雄们的浩然正气，发自内心升华出高尚感。最后，浩然正气的培养，需要持续不断的实践。孟子认为，任何事情都需要慢慢积累和修炼，不能妄求在很短的时间内就能够达成目标。孟子专门以拔苗助长的故事来说明，任何事情都不可能是一蹴而就的，就如同愚蠢的宋人，为了让庄稼能够在短时间内成长不惜揠苗助长，结果事与愿违，学生浩然正气的养成也是如此，万万不可急于求成，只有慢慢积累方可水到渠成。

中国古代历史上，有很多文人墨客、英雄人物为我们诠释了什么是浩然正气。文天祥在《过零丁洋》里抒发了自己对于浩然正气的解读——“人生自古谁无死，留取丹心照汗青”，为了自己的国家与人民，不惧生死，不畏强权。林则徐也有“苟利国家生死以，岂因祸福避趋之”的赤胆忠心。

苏轼是北宋著名的思想家、文学家，北宋诗词的代表，一生宦海沉浮，因为“乌台诗案”而心灰意冷，但苏轼最终走出被贬蛮夷、仕途失意的低谷，在《卜算子·黄州定惠院寓居作》里一抒胸怀：“缺月挂疏桐，漏断人初静。谁见幽人独往来，缥缈孤鸿影。惊起却回头，有恨无人省。拣尽寒枝不肯栖，寂寞沙洲冷。”聪明如苏轼，他明明知道就是自己的耿介与正直和浑浊不堪的官场格格不入，可苏轼毅然选择自己的立场，初心不改。也正是这样的坚持，成就了中国文学史上独一无二的苏轼，孕育了独一无二的浩然正气。辛弃疾生活在南宋时期，软弱的南宋小朝廷不思进取、偏安一隅，辛弃疾的爱国情怀只能通过诗词流露：“千古江山，英雄无觅孙仲谋处。舞榭歌台，风流总被雨打风吹去。斜阳草树，寻常巷陌，人道寄奴曾住。想当年，金戈铁马，气吞万里如虎。元嘉草草，封狼居胥，赢得仓皇北顾。四十三年，望中犹记，烽火扬州路。可堪回首，佛狸祠下，一片神鸦社鼓。凭谁问，廉颇老矣，尚能饭否？”一片爱国情怀展现得淋漓尽致、荡气回肠。更有岳飞用一生的功绩，将自己的名字与精忠报国紧紧相连，为我们诠释了中国人血脉相传的浩然正气与报国情怀。一曲《满江红》令人泪流满面：“怒发冲冠，凭栏处、潇潇雨歇。抬望眼，仰天长啸，壮怀激烈。三十功名尘与土，八千里路云和月。莫等闲、白了少年头，空悲切。靖康耻，犹未雪。臣子恨，何时灭。驾长车，踏破贺兰山缺。壮志饥餐胡虏肉，笑谈渴饮匈奴血。待从头、收拾旧山河，朝天阙。”

当代大学生也应该涵养自己的浩然正气，多读书，勤实践，不负青春，挑起家国重任。浩然正气是社会的正能量，学校、教师在对学生进行知识教育的同时，一定要重视对于学生浩然正气的培养。家国情怀、助人为乐、见义勇为、遵守社会公德、尊重他人劳动，在国家与民族处于危难之际敢于舍身奉献、担当作为，就是新时代的浩然正气。

四、民本思想

儒家一向主张“仁政”“爱人”，孟子也不例外，在他的著作中，处处闪耀着宝贵的民本思想。所谓民本思想，就是要求当政者的施政方案以百姓的利益需求为出发点，想百姓之所想，代表群众的利益需求。“本”是根本、根基，百姓是国家安定、政权安宁的根本，只有得到百姓支持，国家的长治久安才能够实现，“得民心者得天下”。

民本思想在中国由来已久。《尚书》中就有“民为邦本，本固邦宁”的说法，“周公吐哺，天下归心”的故事在中国几乎人人皆知。孟子“民为贵，社稷次之，君为轻”的思想更是将民本思想发挥到极致，把土地、人民、政事视作国家正常运行三件不可或缺的因素，其中百姓最重要，离开百姓的拥护与支持，大片土地就会荒芜，国家政权也会摇摇欲坠，整个国家会陷入动荡之中。“君之视臣如手足，则臣之视君如腹心；君之视臣如犬马，则臣之视君如国人；君之视臣如土芥，则臣之视君如寇雠。”《礼运》中也有“大道之行也，天下为公，选贤与能，讲信修睦，故人不独亲其亲，不独子其子，使老有所终，壮有所用，幼有所长，矜、寡、孤、独、废疾者皆有所养，男有分，女有归”的表述。即使是道家学派的老子，百姓心也是其政治理念的根本。“圣人常无心，以百姓心为心。善者，吾善之；不善者，吾亦善之，德善。信者，吾信之；不信者，吾亦信之，德信。圣人在天下，歙（xī）歙焉，为天下浑其心。百姓皆注其耳目，圣人皆孩之。”（《道德经》）

“唐太宗李世民（599—649 年），是中国封建社会鼎盛时代——大唐盛世的开创者，中国历史上皇帝的典范。他善于吸取历史经验，具有开明思想和政治远识。司马光曾说太宗文武全才，高出前古。法国著名历史学家、亚洲史研究界的泰斗勒内·格鲁塞也曾经对唐太宗的历史功绩做出过说明，他认为正是由于唐太宗的丰功伟绩，才塑造了英雄史诗的中国，并改写了几千年来一直延续着的中国文明史。唐朝之前的隋帝国是继秦之后又一个短命的朝代，同样历二世而亡，同样是淹没于波澜壮阔的农民起义之中。风云变幻的年代，是隋太原留守李渊次子李世民劝父起兵，促成晋阳起兵和大唐帝国的建立。作为一位杰出的青年统帅，李世民身上具备普通人少有的军事才华，比如爱惜人才、身先士卒、骁勇善射，更为难能可贵的是他具有远大的战略眼光以及善于驾驭战争全局的能力。太宗在位期间，统治清明，经济发展，文化繁荣，一片河清海晏，是中国历史上的盛世。

从627年到649年共22年间是唐太宗统治的时期。秦、隋二朝兴衰得失的无数事例，给唐太宗以启发和警示，促成他为大唐帝国制定了一系列合乎实际的方针政策，唐王朝在这段时期，封建统治较为开明，经济发展迅速，社会秩序稳定，避免了诸多的失误，从而出现了‘贞观之治’。”[①]李世民本身亲历过隋末农民战争，亲眼目睹了隋王朝在农民起义的冲击下变得风雨飘摇进而崩塌的现实，因而特别重视百姓的力量。在他即位之后，下令轻徭薄赋，不与民争利，安抚民心，吸取隋亡的教训，充分考虑百姓的承受能力，十分节制。据说李世民有气管方面的疾病，冬天极易复发，而李世民居住的宫殿大多为隋时所筑，阴暗潮湿且多处破损，群臣几次上书建议重修宫殿，可李世民考虑到不给百姓增加负担而放弃。皇帝带头“戒奢从简”，其他官吏纷纷效仿，整个初唐时期政治清明、百姓安居乐业。李世民的执政理念带有比较强烈的“以民为本”的色彩。

纵观整个人类发展史，不管是中国还是西方，只有统治者奉行“以民为本”理念，社会治理才会和谐发展，一旦与民争利必然会是民心背离。郑板桥为官一方，心系百姓，着意改善民生。在他担任潍县县令之前，潍县遭受长时间旱灾，百姓生活困苦不堪。郑板桥到任之后，为了解决百姓困苦，深入民间了解实情。在广泛征集意见的基础上，郑板桥果断采取有效措施拯救民生。这其中包括带头捐款率先垂范、上报灾情争取朝廷支援以及开仓赈济救民水火等。“国以民为本，社稷亦为民而立”原系朱熹在诠释《孟子》中的“民为贵，社稷次之，君为轻”时所讲。这一名句论述了民、社稷与君三种政治主体的轻重次序，孟子对此的裁断斩钉截铁、力透纸背。国以民为本，社稷亦为民而立，道尽了民本思想这一中国政治思想的主流精神。按照金耀基先生《中国民本思想史》的概括，儒家民本思想有下列基本要义：①以人民为政治之主体，特别是民有、民享；②天之立君

① 《国学典藏书系》丛书编委会：《中国通史》，吉林出版集团，2010，第166页。

既然为民，则君主居位必须得到人民同意，革命与民本实为一体两面；③“保民”“养民”“化民”乃人君最大职分；④民本作为义利之辨的判准；⑤民本作为王霸之争的判准；⑥民本作为君臣之义的判准。梁启超先生曾在其《先秦政治思想史》中，将平民主义或民本主义与世界主义、社会主义并称为中国政治思想的三大特色。

五、重义轻利的义利观

义利观是中国古代哲人经常探讨的问题。所谓义利观，简单说就是如何平衡道德与利益之间的关系。自孔子始重义轻利思想一直是儒家思想的主流。孔子认为如何处理义与利两者之间的关系是区分君子与小人的根本。孟子更是把如何区分义利关系看成是区分善与恶、禽兽与人类的根本标志。“鱼，我所欲也，熊掌亦我所欲也；二者不可得兼，舍鱼而取熊掌者也。生亦我所欲也，义亦我所欲也；二者不可得兼，舍生而取义者也。”舍生取义、杀身成仁也成为鼓舞历代仁人志士献身国家与民族事业的精神力量，是中华民族宝贵精神财富不可或缺的组成部分。南宋末年，文天祥因为兵败被元军俘虏，元军对他许以功名利禄，文天祥丝毫不动心，留下“人生自古谁无死留取丹心照汗青”的诗句，慷慨赴死。谭嗣同因为主张戊戌变法失败被捕，当时的谭嗣同完全有脱身的机会，但他没有任何退缩，甚至认为在中国变法之所以不成功是因为少了为变法而死的人，他愿意为了变法洒热血，一曲“我以我血荐轩辕”，令人荡气回肠、感慨万千，儒家义利观的影响可见一斑。

“义”与“利”作为两个极为重要的伦理学范畴，是中外伦理学史上永恒的主题。朱熹曾经把义利关系形容为“儒者第一义”。所谓义，就是人们行为的应当或美德标准。“利”最初为一种农器具，引申为锋利，又进一步引申为利害关系。义利关系可以简单解释为道德与利益之间的关系。义利之辩真正走向深入是在春秋末期百家争鸣时期，从那时起不同的思想流派几乎都对义利关系做出过解释。

随着时代发展，人们对于义利关系总会有不同的见解与看法。明朝末年，由于经济发展、社会变化，人们对于义利关系有了重新认识，李贽就是其中最具代表性的一位。李贽的义利观，一方面直接把“私”看成是人性的一部分，提高了私欲的地位。另一方面，他并不排斥“义”，摒弃过去那种单向的一维的非利即义的简单思维模式，主张“义”和“利”二者的融合，践履道德只是为了人们活得更舒服，明确肯定享受物质利益是道德实践的根本目标，鼓励人们为物质利益、个人生存而不懈奋斗。“圣人虽曰，‘视富贵如浮云’，然得之亦若固有；虽曰，‘不以其道得之，则不处’，然亦曰‘富与贵是人之所欲’。今观其相鲁也，仅仅三月，能几何时，而素衣霓裳、黄衣狐裘、缁衣羔裘等，至富贵享也。御寒之裘，不一而足；裼裘之饰，不一而袭。凡载在乡党者，此类多矣。谓圣人不欲富贵，未之有也。”①为了进一步论证他的理论，李贽又以太公辅佐文王为例，说明太公也不过是为了追求富贵利禄，势利之心使然也。“从此观之，财与之势，固英雄之所必资，而大圣人之所以必用也，何可言无也？吾故曰，虽大圣人不能无势利之心。则知势利之心，亦吾人禀赋之自然矣。”②

人欲是人与生俱来的本性，依靠外在的道德教化是不可能将其完全泯灭的，充其量只是暂时的压制，一旦时机成熟它会以一种更大的力量迸发出来，与其如此，还不如对人的势利之心进行疏导，正确处理经济利益与道德文明之间的关系。“市道”一词，《辞海》中解释为“市场交易之道”。比较早的出处见《史记·廉颇蔺相如列传》的记载。廉颇因为长平之战失利而被罢免，门客也都离他而去，而一旦官复原职，原来的门客又回来了。廉颇问其故，门客答曰“天下尽市道之交”。

当代中国，面临改革开放的历史性机遇，在这个机遇中，有机遇，有挑战，

---

① 张建业主编《李贽文集·道古录卷上》，中国社会科学文献出版社，2000，第 351 页。

② 张建业主编《李贽文集·道古录卷上》，中国社会科学文献出版社，2000，第 358 页。

有诱惑，有不安，这就要求对大学生进行正确的义利观教育，让学生在未来面对金钱利益诱惑的时候，依然能够守住初心、坚守信念。义利关系中最关键的问题就是如何处理好个人利益与集体利益的关系。伴随着市场经济的发展，人们的价值观念、成功标准、做人理念都与过去有了明显不同，取而代之的是与市场经济相适应的道德观、金钱观，尤其是大学生群体，思想活跃，容易对新鲜事物感兴趣，国外的金钱观、价值观对他们有影响。因此，对于大学生进行正确的义利观教育势在必行、迫在眉睫。

对于大学生进行正确义利观教育，首先要搞清楚当代大学生义利观的现状。从目前针对一些高校大学生的调查来看，绝大多数大学生能够认可当前社会主义核心价值观中的义利关系，认识到国家利益、集体利益对于个人发展的重要性，也能够自觉接受社会主流道德规范约束，只是在个别学生身上，还存在一些错误认知，比如“精致利己主义”“精日分子”。再比如参加学生社团、入党目的不纯等一些背离社会主义核心价值观的行为。另外，受当下社会思潮影响，急功近利思想增多。大学所学专业更多考虑到未来的就业行情、薪资水平，并不是自己真正的兴趣爱好。上大学，在这些人看来，更多意义上是一份好工作以及体面的社会地位，较少关注国家与社会对于人才的真正需求。另外，由于信息技术的高速发展，学生能够接触到更多的外界信息，这些信息良莠不齐，而学生又缺乏必要的分辨与甄别能力，心智尚未完全成熟，缺乏社会实践的锻炼，多元价值观念代替以往的主流价值观念，极容易产生道德困惑、迷茫甚至悲观厌世，找不到自己真正努力的方向与价值。有些大学生荒废青春，令人唏嘘。“现代的大学生在道德价值观方面向着多元化的趋势发展，道德冲突与困惑越来越严重。由于受到社会主义市场经济的严重影响，还有西方存在主义以及后现代主义等社会中的思潮带来的严重冲击，我们国家的大学生在价值观方面产生了很大的改变，对于传统的价值观出现否定的倾向，并且开始对西方价值观有了盲目的崇拜意向。其一，我们国家传统的义利选择模式占据了重要的位置，其二，外来义利选择的模式也想拥有自己的一片天地，所以，各种各样的义利选择模式都出现了，并且出现严重的争夺现象。现代的大学生在义利观的选择中由于受到两面价值观的严重影响，导致他们在心里产生很大的困惑与冲突，这也把西方文化对东方文化的挑战充分反映了出来，同时，把道德生活面临经济生活的挑战也反映出来。在这个多元化的社会中，很多大学生的人生目标就是自我价值的实现，无论是在功利与道义之间，还是集体利益与个人利益之间，在选择方面都产生很大的差异。其次，社会对当代大学生道德评价趋向宽容，而大学生自身的价值取向趋于实用，改革开放以来，人们的道德观发生了很大的变化，就大学生而言，他们的思想更加开放，更加自由。对于物质上和精神上的追求过多地关注眼前利益，而对于自己的社会责任感方面则显得比较淡化。因为他们过于注重个人得失和物质享受，因而忽视了对人生崇高意义和理想的追求，最终可能导致迷失人生信仰。再加上家长的左右，在高考填报志愿之初，以为最求热门专业；大学毕业之后，在择业时过于注重个人利益，向往大城市、高收入、高待遇的大企业，不愿去条件相对较差的地方工作锻炼。这就给国家大力培养的人才和国家投入的教育资源造成浪费。”①所以，一定要对学生进行正确价值观念教育。一方面要注重理论宣传，弘扬正能量，加强网络监管，不允许不健康的观念在网络流传；另一方面树立正面典型，对于有些媒体金钱至上、出名至上、流量至上的内容进行纠正，确保大学生成长环境的健康。另外，学校各个部门需要协同合作，共同下好育人这盘大棋，充分利用思政课平台，在讲授知识点同时，讲授中国历史上、现实生活中的英雄人物，运用典型案例、典型人物，让正确义利观的教育渗透到学生的日常生活中。高校与

---

① 赵陈萍：《如何教育大学生树立正确的义利观》，《中国科教创新导刊》2013 年 34 期。

驻地单位加强相关合作，创设大学生实践教学基地，还可以利用节假日组织学生参加社区志愿服务等活动，在实践中加强学生的道德感，树立符合社会主义核心价值观的义利观点。

六、自律自省的修养原则

世界上的每种文明都有自己独特的生成土壤，不同土壤孕育了气质不同的各种文明。古老的中华文明同样如此。保守内敛是中华传统文化成长的地域土壤，正是这种保守内敛，造就了中国人自律自省的修养原则。“自秦汉以来，中国传统文化成长的地域土壤始终是围绕着农耕经济这一核心的，农业社会的特点是变化缓慢。加之几千年儒学思想近乎宗教般的教化功能，从孔夫子的仁、礼、‘己所不欲，勿施于人’到朱熹所著《朱子家训》中的仁、义、礼、智、信，儒家的思想主张一脉相承，从不曾中断，一步步渗透到每个中国人的普通生活，从平民百姓到士大夫家，从观念、行为到习俗、信仰，乃至人们的政治思想、文化活动包括生活方式，都深受儒家思想的浸润，具有独特的中国气质。这种气质，温润如玉、不善张扬、保守内敛，但又和风细雨、潜移默化、润物无声。无论做人、做事包括审美，保守内敛一直是中国传统文化的主基调。”①

孟子的教育思想既是对孔子教育思想的继承发展，又在很大程度上有自己新的主张与教育理想，比如明确的性善论、义利观等。与孔子相比，孟子更像是一位刚健有为的年轻人，他高呼着“贫贱不能移、威武不能屈”，秉持重义轻利的义利观，为中国人尤其是读书人树立了为人处世的标准与原则。也正为如此，孟子成为继孔子之后又一位儒学大师，教育理念、教育思想持续影响着一代又一代的中国人。

---

① 吴延芝、孙晓华：《中华传统文化教程》，山东大学出版社，2019，第98页。

第三章　董仲舒的教育思想及其当代价值

据《史记·儒林列传》记载：“董仲舒，广川人也。少治春秋，孝景时为博士。下帷讲诵，弟子传以久次相授业，或莫见其面。盖三年不窥园，其精如此。进退容止非礼不行学士皆师尊之。”董仲舒，是中国历史上继孔孟之后最伟大的儒者，是中国历史上著名的教育家、思想家、政治家。另《史记·儒林列传》还记载：“董仲舒为人廉直。……恐久获罪，疾免居家。至卒，终不治产业，以修学著书为事。”董仲舒治学严谨，曾“三年不窥园”，终成一代大儒。

秦朝末年诸侯连年征战，百业凋敝，民不聊生，社会经济发展受到重创，人口稀少。就连皇帝乘坐的马车，拉车的四匹马都很难凑成完全一样的颜色，足见民生艰难。到汉武帝时期，经济发展有了起色，尤其是“文景之治”，使得西汉社会经济迅猛发展。不过，由于汉初统治者几乎都把重点放在发展经济、休养生息上，思想领域成了很少顾及到的地方，对于百姓思想的教育少之又少，这在一定程度上影响到社会的长治久安与大汉王朝的和谐稳定。董仲舒审时度势，适时向统治集团提出自己的教育政策，尤其是“罢黜百家，独尊儒术”思想的提出，对于中国几千年封建社会文化教育体系产生了深远影响。自董仲舒时代起，儒家思想正式成为中国封建社会的正统思想，儒家经典也成为治理国家、科举取士的最重要依据。

作为中国西汉时期的儒学大师，董仲舒的教育思想主要包括提倡道德教化、重视榜样力量、开创太学等。

一、提倡道德教化

所谓道德教化，就是统治阶级利用其统治地位，将有利于其统治的政治思想、价值观念、为人处世标准等，通过学校教育、社会教育、家庭教育、工作教育等方式，潜移默化传递至社会的每一位成员，使社会成员最大限度地接受其主流价值观，从而达到巩固统治地位、发展社会生产、促进社会和谐的目的。道德教化古已有之，无论东方还是西方统治者，都非常注重道德教化的作用。

在世界历史上，每一个国家都有自己独特的文化传承与行为规范，但几乎没有一个国家如中国如此重视道德教化与道德评价。古代中国，道德规范是建立国家巩固统治最重要的手段。也正因为如此，中国古人尤其是统治阶级非常关注道德教化问题，甚至将其与国家生死存亡的大事联系起来。人们称赞统治者的英明，"德"是首当其冲的词汇，甚至官员的推荐考察、人事任免，人们最注重的依然是"德"，正所谓"德不配位，必有灾殃"。孔子对于德行非常重视，子曰："为政以德，譬如北辰居其所而众星共之。"孟子也说："仁言不如仁声之入人深也，善政不如善教之得民也。善政，民畏之，善教，民爱之。善政得民财，善教，得民心。"

正因为如此，道德教化在中国始终与国家治理、社会发展结合在一起，时至今日依然如此。对于大学生，对于从事教育工作的行业和个人，"德行"始终是无法逾越的底线原则。与法律的国家强制力为后盾有所不同，道德的约束主要是一种柔性约束，更注重对人内心的管理。在法律与道德之间，中国古人尤其是儒家更倾向于后者。汉以后，伴随着儒学官学与显学地位的确立，在中国逐渐形成注重道德教化的主流意识形态。

董仲舒非常重视对于民众进行道德教化，道德教化是其教育思想的重中之重。在他看来，领导者最主要的任务就是对于民众进行教化。他认为政府对于民众如果没有强有力的教化，这个国家的百姓成为正直人的概率就会非常低，而如果政府给予民众足够的教化，就会极大地促进社会风气好转，各种奸邪不良之事也会自动停止。道德教化是一件系统、庞大的工程，它不仅包括道德教化实施的目的、具体内容，而且包括道德教化的标准以及实施效果。在董仲舒看来，道德教化的目的主要是通过“化民成性”以及“化民成俗”，在整个社会形成良好的社会氛围，使得人人向善。

董仲舒一方面认定帝王“受命于天”，另一方面又借假天威，谏劝帝王治国理民要“承天意以从事”。“天道”表现为阴阳，阳主生，阴主杀，阳为主，阴为辅。因此，帝王按“天道”的法则来统治人民，就应当以德教为主，刑罚为辅。“教，政之本也；狱，政之末也。”他又从“天人合一”的思想出发，认为人性也是由“天”决定的，提出“性三品”说，把人性分为三等：“圣人之性”“中民之性”和“斗筲之性”。“圣人之性”生来就超过善。“斗筲之性”生来无善质，后天又无成善的可能。“中民之性”是绝大多数人的“性”（故又称 “万民之性”或“民性”）。董仲舒认为：“民性”生来有善质而又未能善。因为“民性”先天含有阴阳两气：阴表现为“贪”，“贪”是人们追求物质利益的情欲，其势“如水之走下”，是产生一切罪恶的根源；阳表现为“仁”，“仁”是一种善质，但它还不是道德观念，只是后天成善的根据。因此，董仲舒认为，“民性”在后天有或成善，或成恶两种可能性。要使“民性”成善，就必须节制其情欲，而情欲的节制，则全赖于帝王对他们进行教化。通过教化，使人民“循三纲五纪，通八端之理”（所谓“三纲”即君为臣纲，父为子纲，夫为妻纲）。“三纲”又是“天意”决定的。“王道之三纲，可求于天”。“五纪”，即仁、义、礼、智、信五种道德规范。他重视仁和义，尤其强调义的重要性，“仁之法在爱人，不在爱我；义之法在正我，不在正人”。也就是说“爱人”必先“正我”。他把“利”看作“义”的大敌。“人之性，莫不善义，然而不能为义者，利败之也”。因此，要“正我”“为义”，就要不为利欲所驱，做到“正其谊（义）不谋其利，明其道不计其功”。如果人人都明白这个道理，就能各安于自己所处的地位，不相互争利，国家也就可以安定。董仲舒这一套从天道到人性，从人性到道德的教化理论，目的是要统治者对人民灌输封建道德，加强精神上的统治，从思想上消灭“犯上作乱”的根源。他说“教化不立而万民不正”“教化立而奸邪皆止”。

董仲舒的教化理论建立的基础是天人合一，从天人合一的理论引申出教化的具体措施即三纲五常，而教化的最终目的是正其谊、明其道，使被统治者安伦尽份，从而达到维护封建统治的目的。

1. “天人合一”思想是董仲舒教化理论的基础

“天人合一”在中国古已有之。“天人合一思想，作为中国传统文化独具特色的观点之一，主要探讨宇宙与人生的关系。中国人对于天人关系极为重视，这同时也是中国哲学史上重大而复杂的问题。天人合一观念中的天主要有三层意思：一是自然之天；二是义理之天或道德之天；三是宗教之天或神性之天。从思维模式而论，天人合一的思想观念就是以人道理解和规范天道，反过来又以宇宙终极的天道观诠释和论证人道，追求人与天地自然的协调和谐关系，追求真、善、美合一的境界。”①

天人合一主要包含两层含义：第一，天与人是相通的，“天道”与“人道”一以贯之；第二，天与人是极其类似的。在孟子看来，“尽其心者，知其性也；知其性，则知天矣。”“天人合一思想最初发端于孟子。在孟子看来，从爱亲人，发展到爱百姓，进而推广到泛爱万物。人与人、人与自然以及自然内部的和谐、协调、

① 教育部高教司组编，张岱年、方克立主编《中国文化概论》，北京师范大学出版社，2004，第375页。

发展，是自然而然、顺理成章的事情。天人合一一直是中华民族世世代代的精英人士梦寐以求的理想境地，它在历史上曾经支撑着中华民族自强不息，生生不已。对人价值取向、行为模式、审美情趣、思维方法等产生深远的影响。中国传统文化中凡是精神的升华、思想的超越、情操的高洁、气质的陶冶、真理的感悟等，无不以天人合一为最高境界，所谓天人合一，张岱年认为，当道德主体的修炼达到从心所欲、游刃有余的程度后，一切均是自然，没有任何扭捏造作、故意而为却已经可以达到道德的目的，并非有意行善，善行却已经达成，诚如孔子从心所欲，不逾矩的状态。在这个境界中，道德主体已经没有明确的道德意识，一切全凭自然，在不经意间就完善道德、成就善，而这个新境界就是天人合一。天人合一思想是中国古典儒家思想对于世界文明的一大重要贡献，无论是人还是其他生命，都是大自然不可缺少的一部分，我们应该时时处处感知到生命的存在，敬畏自然、敬畏生命，与大自然和谐相处，达到人与人、人与其他生命、人与宇宙的完美结合。”①

由此，“天人合一追求的是自然、社会与人之间的和谐，这不仅代表了中国人对于宇宙人生的看法，同时也是中国人的生存技巧和处事原则。在后工业时代的今天，天人合一思想依然有其存在的合理性。它对于重建人与自然的关系、消解工业文明带来的负面影响诸如人类中心主义具有不可替代的作用。人与地球上的其他生物应该和平共处、休戚相关，而非随心所欲役使万物，更应该摒弃过去那种征服的态度。合生和，天人合一讲求和谐共生，正是由于和理念的无处不在，造就了中华文化包罗万象、气势恢宏的东方气度，也正是由于这个原因，即使中国地域辽阔、人口众多，却依然可以维持统一局面、具有强大的无可比拟的内在

① 教育部高教司组编，张岱年、方克立主编《中国文化概论》，北京师范大学出版社，2001，第334页。

凝聚力。不得不说，这一切，与合有着莫大的关系。”[①]

天人关系是中国哲学家关注的永恒主题。“中国古代天人合一的思想传统，有一个逐渐演化的过程，作为一种思想观念，‘天人合一’远在先秦时期就已经产生；但作为一个明确的命题，‘天人合一’则是由北宋著名哲学家张载最先提出来的。”[②]对于天人关系，不管是儒家、道家都有自己的解释。最初在西周时期，人们认为天是有自己意志的神，是自然界与人类社会的共同主宰。在孔子看来，天更多的是代表自然界。他说：“天何言哉？四时行焉，百物生焉，天何言哉？”很明显，这里的天就是自然界。“孔子认为自然界虽然不语，但它是有生命、有温度的存在，人就是大自然不可分离的一部分，人与自然本来就是一个整体，绝非对立甚至征服对立的关系。相比于儒家，道家对于天人合一的感悟更为深邃。老子认为：‘有物混成，先天地生。寂兮寥兮，独立而不改，周行而不殆，可以为天地母。吾不知其名，强字之曰道，强为之名曰大。大曰逝，逝曰远，远曰反。故道大，天大，地大，人亦大。域中有四大，而人居其一焉。人法地，地法天，天法道，道法自然。’在老子看来，自然才是这个世界上最高的王道。只是由于人类给自己制定了好多规章制度，再加上膨胀的种种物欲使得人性被禁锢，失去了与自然的合一。人类所要做的就是消除这些禁锢，解放天性，达到人与自然的完美结合。与孔子不同，董仲舒的天是以宇宙人间最高主宰的面目出现的。它不单是至上，而且具有封建伦常意义和自然物质性，它是此三者的合一物，同时也不再如孔子那样敬而远之，而是强调了天人感应。”[③]

---

① 吴延芝、孙晓华：《中华传统文化教程》，山东大学出版社，2019，第 98 页。

② 教育部高教司组编，张岱年、方克立主编《中国文化概论》，北京师范大学出版社，2004，第 287 页。

③ 教育部高教司组编，张岱年、方克立主编《中国文化概论》，北京师范大学出版社，2004，第 287 页。

2. “三纲五常”思想是董仲舒教化理论的具体措施

董仲舒，作为两千年中国封建统治意识形态的总设计师，在人伦关系方面，构建“三纲五常”体系，并通过阴阳、五行比附其合理性，其目的是维护封建伦理道德以及政治制度的稳定性。

“所谓三纲即君为臣纲、父为子纲、夫为妻纲，所谓五常，即仁、义、礼、智、信。其中三纲是人与人之间交往的社会伦理规范，五常是指个人的品行修养。董仲舒以阴阳学说作为其三纲五常理论合理性的理论基础。今天，我们要辩证看待三纲五常的作用。一方面，我们必须承认，三纲的内容过分强调君、父、夫的地位，其目的就是为了维护等级森严的封建专制制度，在很大程度上禁锢了人性；另一方面，一个社会要保持良性运转，必须要对公民的行为进行规范，董仲舒的三纲五常在很长历史时期都是中国人必须遵守的行为规范。”①

董仲舒穷其一生精心构筑了“三纲五常”体系，其目的就在于全面打造一个适合中国人心理特质以及地域特点的行为规范，并将其作为每个人行为正确与否的衡量标准。自从董仲舒以后，三纲五常就已经成为封建社会上至帝王将相下到普通百姓的行为规范。

3. 安伦尽份、维护封建统治是董仲舒教化理论的最终目的

樊浩认为“人伦是中国传统伦理精神的最重要的元素；是现代伦理精神建构的基础；同时又是现代伦理困惑中最基本的困惑”②。同时他认为：“人伦的混乱，是社会失序的基本原因；人伦关系的模糊，人伦坐标的倾斜，是伦理体系不能建立，伦理转换不能完成的内在原因。伦理在现实中与理论上的建立，首先必须梳理社会的伦理关系，并从中找到在其中起范型作用的基本人伦关系，以此建立起

① 吴延芝、孙晓华：《中华传统文化教程》，山东大学出版社，2019，第136页。

② 樊浩：《人伦坐标与伦理秩序》，《学术研究》2016年7月。

人伦的坐标与基本的人伦之理。在春秋之际的社会变革与伦理转换中，孔孟的思路也正是在于人伦关系的寻找与确立。春秋之际的伦理转换是对日后中国伦理产生深远影响的转换。孔子揭示了现实社会中的各种人伦关系，并指出了诸种关系的相互关联，把父子关系、君臣关系作为人伦的基础，从而把孝悌作为人道的核心，然而，应该说，孔子只是指明了一条思路，他对人伦关系的论述还缺乏系统性与结构性。对这一问题的突破作出重大贡献的是孟子。孟子提出五伦，确立了中国传统伦理的人伦基础。五伦的人伦意义有三个方面。首先，找到了中国传统社会的基本的人伦关系。五伦对于孔子人伦思想的发展，在于不只指出了现存社会的各种伦理关系，而且在诸多关系中找到了最后起制约作用的基本关系，从而把一切人伦关系都归结为五伦关系。其次，建立了人伦关系的结构坐标。五伦不仅是社会的基本人伦关系，而且具有内在的结构性，父子、君臣代表纵向的人伦关系，兄弟、朋友代表横向的人伦关系，夫妇则作为一切男女关系的范型，成为人伦坐标中的第三维。于是，一切伦理关系都可以在这个坐标系中定位。由于五伦关系是伦理关系的范型，因而一切的伦理关系也就具有了人伦的意义；也由于这样一种寻找本位的伦理思维方法，由于家国一体的社会结构，五伦也就隐含着日后演化为三纲的可能性。第二，五伦说的建立，标志着中国社会的基本伦理问题的解决，也标志着具有中国特色的伦理体系的确立。作为一种人伦模式与人伦范型，五伦建立的基本原理是人伦本于天伦而立。也就是说，社会的伦理关系本于家族血缘伦理关系。这是一种与家国一体的社会结构相适应和匹配的人伦模式，是家国一体的社会结构在伦理上的体现。五伦从人伦的角度，成功地解决了家国一体社会结构中中国伦理的基本课题，也正因如此，以孔孟为代表的儒家伦理在日后中国社会的发展中具有不可动摇的支配地位，成为中国伦理的主流与正宗。”[①]

① 樊浩：《人伦坐标与伦理秩序》，《学术研究》2016 年 7 月。

从以上论述我们可以得出以下基本结论：在中国，伦理规范是平衡人际关系最重要的标准，自孔孟时代开始，人们就已经意识到它对于社会稳定以及人际关系和谐的重要性，并开始着力构建符合中国人独特气质的伦理规范。最初尝试者孔子从孝悌出发，把孝悌视为人的根本，孟子在孔子理论的基础上着力构建“五伦”，即父子、君臣、兄弟、朋友以及夫妇，“五伦”就是一个精准的人际关系坐标，每个人都能够在这五伦中找到自己精确的定位，在这五伦中，君臣、父子、夫妻各安其分、各尽其责。在五伦的基础上，董仲舒构建了“三纲五常”，选取君臣、父子、夫妻这三对关系作为人伦关系设计的主要基础。当然，“三纲”与“五常”要处理的人际关系并不相同。“三纲”是处理君臣、父子、夫妇这三对在封建社会被认定为上下等级之间的伦理纲常，在这三对关系中，权利和义务都是单向的。君、父、夫是权利方，而臣、子、妻则是义务方。自汉代开始，“三纲”就成为封建社会最高的道德准则，不可逾越，任何关系必须服从服务于这种规则，而这种规则又衍生出政权、族权、神权、夫权，成为几千年中国封建社会压在普通人身上的大山。而“五常”则是“仁、义、礼、智、信”五种为人处世的规范，在董仲舒看来，为人处世必须要遵循一些永恒不变的行为规范，只有如此，人人才可安伦尽份。“常”就是恒久不变的行为规范，在这五种行为规范中，“仁”是核心，也是儒家自孔子开始一脉相承的思想。

在董仲舒看来，“仁”是调和人际关系的思想武器，是社会伦理纲常正常运转的基础。董仲舒毕生致力于儒家思想主导地位的确立，致力于儒家伦理纲常规范的制定与推行，致力于对民众进行儒家思想的道德教化，对于维护国家政权稳定、思想统一以及百姓归心都起到不可估量的巨大作用。当然，道德教化的另一个后果就是社会上的绝大多数民众都成为封建统治秩序的顺民，成为国家这台巨大的机器上的一颗颗顺滑“螺丝钉”，虽然在客观上有利于国家稳定，但也会导致思想领域的“一言堂”，不利于其他各种思潮的产生与发展。“罢黜百家，独尊儒术”之后，中国文化史上很难再出现类似春秋战国时期百家争鸣的思想盛况，儒家思想的主流地位一直持续到五四运动前期。

二、重视榜样力量

董仲舒的教育理念有一个鲜明的特征就是非常重视学习榜样。他倡导统治者的表率和教化作用，认为德育的首要内容是统治者以身作则，以自身的表率作用进行身教，这种方法对于政局稳定、社会良好风气的形成具有十分重要的作用。他认为，对人民进行教育，以吏为师最为适合，不过并不是所有的官吏都适合为师，只有贤能的官吏才能担当起教化人民的职责。如果官吏不贤，那么社会的主流思想与主流价值观就得不到宣扬和褒奖，民众也就自然不会爱戴统治者，就会威胁到统治基础。

榜样的力量是不言而喻的。在学习的过程中，我们会发现一个非常有趣的现象：学生往往是先喜欢某位教师，进而喜欢这位教师的课程。在教育教学领域，榜样对于学习的促进作用一直备受重视。古希腊哲学是西方思想的发源地，它对于整个西方乃至世界的影响都是有目共睹的。苏格拉底、柏拉图、亚里士多德并称为希腊三贤，他们不仅是伟大的哲学家、思想家，而且都是伟大的教育家，他们用自己的言行托起教育的重任，托起人们对于教师、教育的崇拜与热爱。苏格拉底一生的关注点都放在教育上，他认为教育对于人的成长非常重要，同时，教育事业也是为国家民族培养未来之才最主要的途径。苏格拉底的教育受众广泛，凡夫俗子、底层手艺人、贵族子弟都可以成为苏格拉底的学生，真正实现了“有教无类”。苏格拉底的教育方式、教育理念灵活多样。苏格拉底的母亲是一位助产士，受母亲的影响，苏格拉底独创了一套教学方法级问答法或者谈话法，他先向学生提出问题，即使回答错了也不会立即去纠正，而是提出另外与之相关的问题让学生思考回答，一步步引导学生，学生用自己的语言将苏格拉底认为正确的答案最终表达出来。苏格拉底独创的问答法对于后世的教育方式影响很大，到今天为止，这种教育方法还在全世界广泛应用。在他的弟子色诺芬看来，苏格拉底热爱智慧、严于律己，没有被欲望、金钱所奴役，是一位能够身体力行的好老师。苏格拉底能够正确且高贵地面对死亡，没有人比他死得更有尊严，在学生心目中，他是一位接近神明的老师，因此备受尊重。虽然苏格拉底离我们远去已经有两千多年了，但是，他在金钱、人生、死亡、快乐等依然困扰现代人的问题上的态度，深深影响着后世，成为教育史上永远的丰碑，是人们心中永远的师者。柏拉图出身高贵，相貌堂堂，在希腊文中，柏拉图本身是宽肩膀的意思，可见柏拉图的英俊魁梧。青年时柏拉图跟随苏格拉底学习。老师遭迫害去世之后，他离开雅典到处游历，增长了知识，开阔了眼界。公元前 387 年柏拉图回到雅典，创立柏拉图学园，即希腊早期意义上的学园，此后一直在此执教长达 40 年。作为客观唯心主义的创始人。柏拉图一生有很多著作面世，其教育学思想主要集中在《理想国》和《法律篇》这两部著作中。柏拉图创立的柏拉图学园又叫阿加德米学园。今天，阿加德米（Academy）已经是高等教育的代名词了。亚里士多德是柏拉图的弟子，对老师同样非常尊重，但亚里士多德不喜欢刻板的学习，在他后来创立的吕克昂学院中，亚里士多德为学院开造了许多林荫路。据说，在他的学院中，大家都是边走路边学习的。也正是这样潇洒的学习方式，吕克昂学院又称逍遥派学院。正是在老师人格魅力的影响之下，希腊三贤创造出辉煌灿烂的教育成果，其成就也必然会为后人所铭记。

在学生成长的过程中，师长、明星、科学家都有可能成为他们心目中的榜样与英雄。每个时代都有自己的榜样，榜样的身上体现的是时代的精华与追求。榜样的力量是无穷的，尤其是对于正在世界观、人生观、价值观形成时期的大学生。榜样教育是一种历史悠久且常用常新的教育手段，在这种教育模式中，由于榜样本身鲜活生动的形象，很容易激发起学生学习的动力，接受榜样的精神熏陶与激励，使自身行为得到进一步净化与提升。“向师性”是学生在学习过程中表现出来的学习倾向，教师则是学生学习最直接、最便捷、最有说服力的榜样。教师榜样对学生的影响是任何教科书、任何道德箴言、任何奖励和惩罚制度都不能代替的一种教育力量，它对学生的成长发展、学校的教学质量和精神文明建设都起着不可替代的作用。

“榜样的力量是一种给人积极向上和希望的，鼓励人们不断追求美好生活和高尚道德、让个人与社会得到良好发展，并且能够让人产生幸福快乐的精神动力。榜样的力量是青少年的思想、情感与价值取向在受到榜样的积极影响之后，在未来学习过程中、生活过程中，以及社会活动过程中的重要影响力与推动力。榜样的精神价值，作为一种正确积极的思想品质，能够通过青少年的内化，转变为积极向上的精神动力，鼓舞青少年形成搏击未来的勇气与信念。同时，青少年在对榜样学习的基础上，形成自己特有的正确的积极的思想意识和道德价值体系。”[①] 今天的大学生，接受新鲜信息的广度、深度已经达到前所未有的高度，价值观与人生追求也呈现多样化趋势。总体来说，充分发挥榜样力量在学生学习过程中的作用要遵循以下几点。

（一）树立符合社会主流价值观的榜样，用正确的价值观引导大学生

改革开放以来，中国主动打开面向世界的大门，积极引进西方先进的科学技术，这对于中国近几十年的发展具有非常大的促进作用。与西方先进科学技术一道而来的，还有西方的价值观念、花花绿绿光怪陆离的消费习惯等，这对于年轻

① 张晓丹：《榜样力量对当代青少年的影响与践行》，《理论争鸣》2016 年 11 月。

的大学生非常有吸引力，在接触国外产品的同时，大学生缺乏必要的甄别能力，对于资本主义的糟粕思想侵蚀缺乏抵抗力。因此，有必要树立符合社会主流价值观的榜样，用正确的价值观引导大学生。

“时代到处是惊涛骇浪，你埋下头，甘心做沉默的砥柱；一穷二白的年代，你挺起胸，成为国家最大的财富。你的人生，正如深海中的潜艇，无声，但有无穷的力量。”这是感动中国组委会给予黄旭华的颁奖词。黄旭华是中国第一代核动力潜艇研制创始人之一，被誉为“中国核潜艇之父”，为了祖国的国防安全，倾尽一生才华，30 年只见了老母亲一面，家里人没有人知道他的具体工作，为中国制造出第一艘核潜艇，使中国成为世界上第五个拥有核潜艇的国家。像黄旭华这样的人才是真正的榜样，是大学生应该学习的人生楷模。反观当下社会，有些人为了“红”而无所不用其极，为博眼球不遗余力。正因如此，我们才更需要在社会尤其是青年的心目中树立符合时代特色与民族发展前途的英雄，并且利用各种渠道进行广泛宣传，为年轻大学生创造正确的舆论氛围与学习环境，知道什么才是我们应该学习的。

建校 12 年，云南丽江华坪女高 1000 多名女生走出大山上大学。佳绩频出之时，校长张桂梅的身体却每况愈下，患上了 10 余种疾病，却依旧没有停止她奉献的脚步。这个“以怒放的生命向世界表达倔强”的内心强大的女性却一直用自己的力量，在媒体“阳光”照不到的角落造福偏远贫困家庭的女学生，并持之以恒，纵使渺小如苔花，生命也当如牡丹般灿烂绽放。黄旭华、张桂梅这样的人才是中华民族真正的英雄，是当代大学生应该学习的楷模，是我们每个人的人生榜样。

对于大学生而言，弄清搞懂社会主流价值观念非常重要。“通常说，价值观是人们关于应该做什么、不应该做什么的基本观点，是区分好与坏、对与错、善与恶、美与丑等的总观念，是人们关于价值本质的认识以及对人和事物的评价标准、评价原则和评价方法的观点的体系。”[①]在各种价值观念中，对于大学生影响最大的就是核心价值观。“对于国家与民族来说，最持久、最深层的力量是全社会共同认可的核心价值观，因为它承载着一个民族、一个国家的精神追求，体现着一个社会评价是非曲直的价值标准，这其中，社会主义核心价值观回答了在我国应该建设什么样的国家、建设什么样的社会、培育什么样的公民等重大问题。社会主义核心价值观是当代中国精神的集中体现，凝结着全体人民共同的价值追求。社会主义核心价值观在培养担当民族复兴大任的时代新人，进行国民教育、精神文明创建、精神文化产品创作生产传播等方面具有强大的引领作用。”[②]

（二）注意与本民族的悠久历史文化相结合

中华民族热爱和平、崇尚和谐，在中华民族悠久的历史上，英雄辈出，他们为了国家的繁荣昌盛，为了民族的时代传承，为了中华民族的永续发展而不懈奋斗。岳飞是南宋末年著名的爱国将领，为了抗击北方游牧民族的侵袭，岳飞训练出一支纪律严明、敢打胜仗的岳家军。岳家军纪律严明，与百姓秋毫无犯，作战勇敢，在金军中有“撼山易撼岳家军难”的说法。只可惜当时的宰相秦桧，为了和金人议和，一日连下十二道金字牌，令岳飞班师回朝。岳飞悲愤万分，说“十年之力，废于一旦”。后来，岳飞以“莫须有”的罪名在腊月二十九被处死在风波亭，一代民族英雄就这样死在了自己人手里，岳飞去世时年仅 39 岁。在今天美丽的杭州西子湖畔，有岳飞的埋骨之地，在纪念祠的门口，有这样一副对联，寄托着后世对于岳飞这样一位民族英雄的无限缅怀。“青山有幸埋忠骨，白铁无辜铸佞臣。”岳飞作为民族英雄被历代瞻仰，而秦桧等人的塑像跪在岳飞墓前，遭受世人的唾骂。

① 《马克思主义基本原理概论》，高等教育出版社，2007，第 90 页。

② 《马克思主义基本原理概论》，高等教育出版社，2007，第 91 页。

对于中华民族的英雄，习近平总书记在纪念毛泽东诞辰 120 周年座谈会上对运用历史唯物主义方法评价历史人物作了精辟论述。他指出：“不能把历史顺境中的成功简单归功于个人，也不能把历史逆境中的挫折简单归咎于个人。不能用今天的时代条件、发展水平、认识水平去衡量和要求前人，不能苛求前人干出只有后人才能干出的业绩来。”[①]他对毛泽东等老一辈革命家进行了全面辩证的评价，“不能因为他们伟大就把他们像神那样顶礼膜拜，不容许提出并纠正他们的失误和错误，也不能因为他们有失误和错误就全盘否定，抹杀他们的历史功绩，陷入虚无主义的泥潭。”[②]

抗日战争是中华民族的全民族抗战，是抵御外侮、保卫国家的伟大战争，注定写入人类史册。为了将入侵国土的日本帝国主义侵略军赶出中国，无数优秀的中华儿女宁死不屈，把一腔热血洒在祖国的大地上。据统计，在这场惨烈的战争中，中国军民伤亡约 3500 万人，在正面战场作战的国民党部队死亡人数为 365 万人，另外，有将近 900 万平民死于战火，将近 1 亿人失去家园、流离失所。在这期间，发生了很多可歌可泣的英雄事迹。1941 年，侵华日军对晋察冀边区发动大规模毁灭性扫荡，八路军晋察冀军区第 1 军第 1 团第 7 连奉命掩护转移，完成任务撤离时，留下第 6 班马宝玉等 5 名战士担负后卫阻击，掩护全连转移，他们边打边撤，英勇阻击，子弹打光后，用石块还击，一直坚持战斗到日落，面对步步逼近的日伪军，他们宁死不屈，毁掉枪支，义无反顾，纵身跳下数十丈深的悬崖。这就是著名的“狼牙山五壮士”的故事，深深感染一代又一代中国人，告诉我们勿忘国耻、勿忘历史。这些人是符合中国主流价值观与历史传统的英雄人物，是当代大学生需要学习的人生典范。

---

① 习近平：《在纪念毛泽东同志诞辰 120 周年座谈会上的讲话》，人民出版社，2013，第 11 页。
② 习近平：《在纪念毛泽东同志诞辰 120 周年座谈会上的讲话》，人民出版社，2013，第 12 页。

（三）寻找适合年轻大学生进行榜样学习的正确方式

榜样教育就是要给大学生树立健康向上、积极高尚的行为楷模。榜样示范教育实为一种人类行为的强化因素，一旦个体将榜样视为自己的行为楷模，则其会在思想、行为等方面努力与榜样保持一致，从而极大地促进个人在学业、事业上的进步与成功。

大学生渴求新鲜知识，对于未知世界的探索意愿强烈，愿意接受新事物，因此，对于他们所要开展的榜样教育，必须寻找到年轻人喜欢的方式方法，让他们愿意接受、易于接受。目前各大高校都非常重视对大学生进行榜样力量的教育，只是，由于经费、教学安排等客观因素的限制，大学生对于目前榜样学习的悦纳程度并不高，没有达到预期的效果。当前对于大学生的榜样宣传，存在如下几个问题。

1. 榜样选取脱离实际

一些学校树立的榜样距离大学生实际生活比较遥远，比如在各大高校教室宣传栏上张贴的古今中外科学家、哲学家以及思想家的格言，这些格言是人类几千年历史积淀的宝贵文化遗产，蕴含丰富的人生智慧，只是这些格言几乎已经无法解答今天大学生对于人生、未来的迷茫与困惑，而且这些历史名人距离学生实际都比较遥远，时代感不强，与大学生目前需要解决的问题有些脱节，大学生的陌生感、排斥感使得学习效果大打折扣。相反，大学生对于当下发生的事情、当前的时政人物、事件比较感兴趣，针对此类情况，我们可以首先选取当前社会中涌现出的先进人物的事迹，用现在事、身边人打动大学生，用学生身边的模范任务的典型引导学生学习、成长。

黄文秀从北京师范大学毕业后，响应组织号召毅然回到家乡广西，到艰苦的农村做第一书记，这位从大山里走出来的年轻大学生，把自己最美的年华留在了家乡，将自己的青春之花开放在扶贫路上，用自己年轻的生命诠释了什么是新时代大学生的使命与担当。用同为年轻人的黄文秀的事迹去教育学生效果非常好。

2. 榜样宣传形式单一

过去的榜样宣传或多或少存在方式途径单一的缺陷。当前对于大学生的思想政治教育，最主要的途径还是思想政治理论课程。诚然，思想政治理论课的主要任务就是对大学生进行理想信念教育，用先进人物的事迹引导、带动大学生树立正确的世界观与人生观。只是，由于思政课本身课时量有限，受教学内容、教学方式的限制，对于榜样的宣传不尽如人意。再者，传统上用于宣传榜样的展板、校内橱窗等已经远远不能满足现代学生的要求，当代大学生更习惯于从网上获取知识与信息。

3. 学习内容应与时俱进

向榜样学习的具体内容应该实事求是、与时俱进。向榜样学习什么同样是在榜样宣传过程中需要非常注意的内容。有些媒体在宣传过程中也往往存在报喜不报忧的习惯，只注重榜样本身光辉、成功的地方。这样树立起来的榜样有些不接地气，尤其是当代大学生，相对来说心智成熟较早，如果选出的榜样不能为大学生内心悦纳，那么，榜样教育的效果就会大大降低，达不到预期的效果。在介绍革命家的时候可以偏重介绍其成长的艰苦历程，让大学生产生共鸣心、同理心，能够与英雄人物产生情感共振。在介绍毛泽东、周恩来等老一辈无产阶级革命家时可以多介绍他们走上革命道路的心路历程，以及在他们成长过程中的经历、面对困难时候的坚定决心，这样比较容易调动学生学习榜样的积极性与主动性。“‘为中华之崛起而读书’这一激励中华儿女的励志名言，是 14 岁的周恩来在回答老师提问时说出的。1898 年 3 月 5 日，周恩来出生在江苏淮安。1910 年来到东北，先在铁岭上小学，后又转到沈阳东关模范小学。1911 年的一天，正在上课的魏校长问同学们：‘你们为什么要读书？’同学们纷纷回答：为父母报仇，为做大学问家，为知书明礼，为让妈妈妹妹过上好日子，为光宗耀祖，为挣钱发财……等到周恩来发言时，他说：‘为中华之崛起！’魏校长听到一惊，又问一次，周恩来又加重语气说：‘为中华之崛起而读书！’”“清末抗英名将关天培是淮安人，淮安城内建有关忠节公祠，周恩来少年时经常随养母陈氏到公祠里参观，养母给他讲解关天培抗英为国捐躯的故事，让少年周恩来对民族英雄产生崇敬之情。到东北上学期间，随同学到奉天南郊魏家楼小住，参观日俄战争遗址，听当地老人讲述日俄战争的经过和中国人民饱受的苦难，让他知道了落后就要挨打、被侵略就会国破家亡的道理。在他幼小心灵里萌生了为中华崛起、解救人民于水火之中的豪情壮志。”[①]相信大多数学生听到、看到这样的周恩来，都会为他的成长历程打动，在心目中会有一个鲜活的人物形象，避免了空洞说教。

三、开创太学，促进教育发展

开创太学是董仲舒教育理念又一重要特点，同时也是董仲舒对于古代中国教育事业的伟大贡献。董仲舒以后，太学成为政府培养人才最重要的场所，为建设封建统治秩序培养人量的官员，太学同时也成为推行教化统治术的一项根本性措施。

古今中外，学校是学生接受教育最主要的场所，不管学制如何，教育理念有何区别，学校始终是传播知识、教书育人、培养社会人才、弘扬民族文脉的主要场所。通常认为人类历史上最早的学校产生于奴隶社会时期。伴随着社会发展，教育行业的重要性被越来越多的人认识到。在中国，早期意义上的学校并不是面向全体民众，而是只针对王公贵族。也没有专门意义上的教师，人们普遍以吏为

① 石平洋：《周恩来的初心：为中华之崛起而读书》，《学习时报》2019 年 1 月 11 日。

师。在这种情况下，官员的品德就显得尤为重要，因此，在古代中国，选拔官员的首要原则就是德行高尚，因为只有德行高尚的人才可为师，成为人们学习的典范。

“以吏为师”源自秦朝宰相李斯。天下初定，人心未稳，尤其是其他被秦歼灭的六国，虽然地域上已经归属大秦国土，但是文字、思想、风俗习惯乃至度量衡并不统一，这在很大程度上影响着大秦王朝中央集权制度的建立与稳定。尤其是经历了春秋战国时期的百家争鸣，诸子百家各言其事，思想异常活跃。因此，秦统一天下之后，宰相李斯遂向皇帝提出建议，国家要想长治久安，思想必须首先统一。在这样的背景之下，秦始皇接受李斯的建议焚书坑儒。李斯认为，如果任由其他非儒家的思想传播，可能的后果就是“如此弗禁，则主势降乎下，党与成乎下”。“禁之便。臣请史官非秦记皆烧之。非博士官所职，天下敢有藏诗、书、百家语者，悉诣守、尉杂烧之。有感偶语诗书者弃。以古非今者族。吏见之不举者同罪。令下三十日不烧，黥为城旦。所不去者，医药卜筮种树之书。若有欲学法令，以吏为师。”[①]“以吏为师”目的就在于借此保持大秦王朝疆土之内的思想纯正，一旦有风吹草动，就坚决予以铲除。这种思想上的强权思想与极致控制，在最初实行的时候的确可以起到稳定封建统治的功能。

《荀子·强国》这样描述秦国以吏为师的效果。“入境，观其风俗，其百姓朴，其声乐不流污，其服不佻，甚畏有司而顺，古之民也。及都邑官府，其百吏肃然，莫不恭俭、敦敬、忠信而不楛，古之吏也。入其国，观其士大夫，出于其门，入于公门；出于公门，归于其家，无有私事也；不比周，不朋党，倜然莫不明通而公也，古之士大夫也。观其朝廷，其朝闲，听决百事不留，恬然如无治者，古之朝也。故四世有胜，非幸也，数也。是所见也。故曰：佚而治，约而详，不烦而功，治之至也，秦类之矣。”只是如果这样持久下去，势必会压制新思想、新理念

① 司马迁：《史记》，上海古籍出版社，2016，第204页。

的产生，久而久之，新思想被扼制，新理念被视为异端，社会会陷入一片死寂。最后的结局几乎无一例外都是招致更强烈的反抗，大秦王朝仅仅经历二世即亡就是一个活生生的例子。荀子已经意识到了这一点，在描述了大秦的秩序井然之后，“虽然，则有其諰矣。兼是数具者而尽有之，然而县之以王者之功名，则倜倜然其不及远矣！是何也？则其殆无儒邪！故曰粹而王，驳而霸，无一焉而亡。此亦秦之所短也。”荀子的意思是，秦朝以吏为师将社会治理的非常不错，尽管如此，但因为秦以法家思想立国，缺乏儒家的仁政爱人、悲天悯人的百姓情怀，既做不到崇尚道义也做不到义利兼顾，灭亡就是不可避免的。

董仲舒主张设立太学，对民众进行系统化教育。太学是中国古代由封建王朝官办设立的最高学府，“太学”一词起源较早，大约在西周时期就有了最早意义上的太学。以后，历经夏、商、周几代，太学的名字有所变化，但其始终作为统治阶级培养人才的官办机构存在。直到汉武帝时期，太学作为国立最高学府的地位初定，相应的管理机制、办学理念被确定下来，以后历经朝代变迁，各个封建王朝对太学都有比较严格规范的管理制度。到南北朝时期，太学逐渐没落，至清朝时期，太学演变为国子监。

纵观太学的发展历史，我们可以看出，中华民族历来重视教育对于国家治理、社会稳定以及人才选拔中的重要作用。关于太学，我们分别教学体制设置、历史意义两个方面进行了解。

1. 太学的教学体制设置

太学创建于汉武帝元朔五年，即公元前 124 年。汉武帝一心励精图治，他采纳董仲舒的建议，在长安正式设置太学，是汉代及以后历朝历代的国立最高学府，封建国家最权威的教育机构。汉武帝时期太学的创立，与当时的政治经济发展有着紧密的关系。西汉初年，由于长期战乱的影响，经济凋敝，百姓生活困苦，北方的游牧民族匈奴还屡屡南下侵犯边境，因此政府把主要的精力放在发展经济改善民生与对抗匈奴上，治国之策采用黄老之学，与民休养生息，根本没有力量办教育。汉武帝刘彻是一位励精图治的皇帝，在位期间发展生产、国力充实，客观上具备了投资教育的可能性。另外，要加强中央集权的封建统治，就必须要培养符合封建统治要求的人才，因此，创办太学势在必行。

太学在汉代由朝廷负责文教的官员进行管理，称为太常，负责教学的老师称为博士，首席博士称为祭酒。在太学中讲学的博士要经过严格考察和筛选，只有德才兼备、博学广闻之人才可能被选为博士。经过如此严苛选拔的博士，可谓群英荟萃。董仲舒就曾经在太学任教，另外，贾谊、孔安国等人也在太学担任博士，有这样的人执掌太学，对于提高当时的教育水平起到极大的促进作用。

皇帝对于太学教育非常重视，他经常会找博士对话，问询治国理政之策，并且亲自巡视太学的教学。由此可以看出，汉代的太学具有极高的社会地位，能够被选拔进太学读书的人被视为是国家未来的栋梁之材。

贾谊，汉代名士，著名的文学家、政治家，因年少有才，在汉文帝时出任太学博士，擅长散文与辞赋，其代表作为《过秦论》。司马迁高度评价贾谊，在《史记》中将其与屈原并列，专门写作屈原贾生列传。“贾生名谊，洛阳人也，年十八，以能诵诗属书闻于郡中。吴廷尉为河南守，闻其秀才，召置门下，甚幸爱。孝文皇帝初立，闻河南守吴公治平为天下第一，故与李斯同邑而常学事焉，乃征为廷尉。廷尉乃言贾生年少，颇通诸子百家之书。文帝召以为博士。是时贾生年二十余，最为少。每诏令议下，诸老先生不能言，贾生尽为之对，人人各如其意所欲出。诸生于是乃以为能不及也。孝文帝说之，超迁，一岁中至太中大夫。”①

另外，在《过秦论》中，贾谊对于秦朝的迅速强大由迅速灭亡作出了比较公

---

① 司马迁：《史记》，上海古籍出版社，2016，第1882页。

正客观的评价。贾谊认为，导致秦灭亡真正的原因并非是秦末的农民起义，而是来自秦统治者内部，“仁义不施而攻守之势异也”。“秦王怀贪鄙之心，行自奋之智，不信功臣，不亲士民，废王道而。孤独而有之，故其亡可立而待也。借使秦王论上世之事，并殷、周之迹，以制御其政，后虽有淫骄之主，犹未有倾危之患也。”[①]在贾谊看来，秦灭亡的真相就在于秦朝统治者不施仁政、暴政酷刑。在秦兴起又灭亡的历史轨迹中，贾谊敏锐地看到了民众对于政权稳定的作用，借以提醒当时的统治者，对于民众一定要施仁义、行仁政，否则就会被历史抛弃。贾谊的观点，在中国的历史上，属于早期的民本主义思想。

2. 太学在中国历史上存在的意义

在汉代，太学的创立者与管理者为太学制定了各种严苛的考试制度。汉武帝开创太学时，规定太学每年考试一次，称为“岁试”。东汉改为每两年考试一次。太学的考试方法有射策、策试和口试。通过考试，主要达到两个目的：一方面是检验学生的学习成果，让学生心无旁骛潜心学习，认真掌握治国安邦之策；另一方面，通过考试，可以为国家选定未来国家建设真正可用的栋梁之才。经过严苛的考试，汉代的太学可谓人才济济，名人辈出，例如东汉时期著名的唯物主义哲学家王充，“凿壁借光”的匡衡等。由此可见，考试制度在选拔人才过程中的重要作用。

对中国影响最大的考试制度当属科举考试。科举制度萌芽于南北朝时期，隋朝开始，统治阶级为了选拔人才加强中央集权、巩固国家政权，将原来官员选拔的推举制改为考试制度，到唐代，科举制度的各项制度得到进一步完善，考试制度在中国开始成型。

唐太宗李世民、女皇武则天以及唐玄宗是完善科举的关键人物。在今天，对

① 司马迁：《史记》，上海古籍出版社，2016，第227页。

于科举制度，我们依然要一分为二看待。一方面，科举制度用儒家经典、孔孟思想作为考试标准，南宋以后，朱熹的《四书章句集注》更是被当作科举考试的标准，参加考试的举子们几乎没有自由发挥、自由表达的空间，扼杀新思想的产生与传播；另一方面，我们也不得不承认，科举考试制度对于中国几千年的人才选拔以及文明传承的确起到非常重要的作用。

科举制度有以下几点作用：首先，通过科举取士制度，统治阶级进一步压制了传统门阀干政的空间，将选人用人的权利收归中央，用儒家思想打造适合封建统治秩序的价值观。统一的价值观对于维系民族文脉、国家稳定以及社会发展具有不可替代的作用。

世界上的文明古国，迄今为止，中国是唯一文明没有中断的国家，究其原因，最主要的就是中国的文脉传承了几千年，一直活力不断。在这其中，儒家思想是主干，每个中国人都深受儒家思想的浸润与熏陶。儒家思想如一本永远翻不完也读不尽的书籍，悠远、厚重，指引者中华民族前进的方向，凝聚着中华民族的人心。古往今来，儒家的“忠厚传家远，诗书继世长”的耕读之乐、“先天下之忧而忧”的家国情怀，一直是中华民族子孙的精神家园。萌芽于西汉太学、起于隋唐、止于清的考试制度，在传承中华民族精神财产的过程中功不可没。对于普通人家的弟子而言，科举考试是他们冲破原有阶级、阶层，改变命运的难得机会。众所周知，在中国，门第观念根深蒂固，尤其是在封建社会，门户观念非常浓厚，不同阶级的人甚至不能通婚，“门当户对”在婚姻里占据非常重要的因素。由此，人们非常重视学习，重视读书的作用，“万般皆下品，唯有读书高”，清楚指明读书对于人们穿透原有阶层向上进取的路径。读书不仅可以治国安邦，还可以改变自己包括整个家族的命运。考试制度的源远流长、推陈出新，正是汉代董仲舒创立太学、注重考试为我们带来的文化遗产。1905 年，满清王朝政府深感旧式科举制度已经不能满足当时社会对于培养新型人才的需求，主动废止并引进西方的考试制度。

现代标准意义上的考试，是一种内容、程序、结果等要求都非常严格的知识水平、知识储备鉴定方法，通过考试，不仅能够检验学生的学习效果，更为重要的是，使教师能搞清楚学生目前的学习状态、学习效果，便于教师及时修正教学方法、调整教学内容、规划教学进度。对于学生而言，可以比较准确地知道自己掌握知识的能力，便于改进学习方法，进一步提高学习效果。不仅如此，考试的重要意义还在于，通过相对公平公正、绝大多数人都认可的方式，让原来处于不同社会阶层的人同处一个竞争平台，从而得到改变自己命运的机会。

作为一个文化早熟型的国家，在夏商周时期考试制度就已经存在，历经朝代变迁，到现在为止，通过考试选拔人才依然是中国乃至全世界都认可的相对比较公平公正的方法。通过考试选拔人才，是其他选拔途径无可替代的。按照考试的目的，我们可以简单地将考试划分为两种类型：一种是检测性考试，一种是选拔性考试。检测性考试的目的就是检验当次课堂或者一段时间学生的学习效果，比如教师随教学进度进行的随堂考试，以及期中考试、期末考试等。检测性考试进行的频率比较高，检测结果也不会对学生的未来产生实质性影响。与检测性考试不同，选拔性考试注重的是考试结果，这种结果往往会影响一个人的未来、职业甚至更多，如中考、高考、公考、事业单位考试等。“逢进必考”是目前中国用人制度最主要的原则，目的就是保证相对稀缺紧张的资源能够比较公正、客观地分配给德才兼备的人，给用人单位选拔出真正适合单位需要的人才。

2005 年 11 月 16 日中华人民共和国人力资源和社会保障部颁布《事业单位公开招聘人员暂行规定》。在如今体制内招录“逢进必考”的大趋势下，无论是公务员招考还是事业单位招聘，都应严守“公开、平等、竞争、择优”的原则。“逢进必考”在很大程度上有效遏制了选人、用人上的不正之风，使符合条件的普通民众也拥有了公平参与、公平竞争的机会，进一步保障了社会公平。

对于大学生而言，考试制度也非常关键。目前，中国境内的大学生，绝大部分是通过小学、初中、高中阶段层层考试选拔上来的优秀学子，尤其是高考。高考是“普通高等学校招生全国统一考试”的简称，是一种选拔性考试。在中国，高考制度几经沉浮，1952 年新中国开始在全国范围内推行高考制度，1966 年废除，人才选拔主要改为推荐，到 1977 年重新恢复高考，是一种意义重大、无可取代的人才选拔方式，相对来说公正、客观，在中国的影响力与认可度都非常高。高考，承载了一个学生甚至一个家庭的梦想，是人生路上的一个分水岭，也是走向成功的起点。对于大学生而言，大学阶段的主要考试是检测性而非选拔性，其主要目的是检测学生一段时间内的学习成果，督促学生把更多地精力和时间用于学习，珍惜在校期间的学习机会，掌握更多的知识技能，为将来服务国家、服务社会，实现自己的人生价值奠定良好的基础。就目前而言，考试虽然不是衡量学生尽善尽美、毫无缺陷的方法，但却是最公正、最直接、最可操作的检验方式。

综述，董仲舒作为汉武帝时期儒学思想的代表人物，他提倡对于民众道德教化、开启民智，提高国民道德素质，他认为道德素质是国家兴衰、文化发展的基础，他重视榜样力量，以吏为师，开创太学等。董仲舒的远见卓识，使他看到了思想统一对于国家统一、文化传承的重要意义。自董仲舒时代起，儒学正式成为中国传统封建社会的官方哲学，他在新的历史条件下重新复兴了始皇时期被扼杀的儒学思想，提出“天人感应”“三纲五常”，其影响达两千多年。他主张把教育工作放在国家发展的第一位，创立太学，传授儒家经典著作，建议用儒家思想统一学术。

董仲舒作为一个对中国历史产生巨大影响的思想家，历史上对他的评价褒贬不一，他既有对历史的巨大贡献，也有着难以克服的历史局限。首先，“大一统”思想的提出顺应了中华民族统一团结的历史要求，使得中国统一局面得以恢复，并持续到现代。然后，“天人交感”论使得历代君王可以时常检查自己的行为，并避免了中国王朝沿用贵族政治的传统。但是，这个理论相对于孟子的“民为贵”的儒家亲民思想无疑是一个退步。最后，董仲舒先是吸收了道家、阴阳家的思想，之后又吸收了法家的方法，使得儒学体系具备了非常大的开放性。但他所提出的“罢黜百家，独尊儒术”却使得中国思想的多元化受到阻碍，压制了中华文明的多样化发展前景，禁锢中国人向多元化文明方向发展。

总之，董仲舒作为中国思想史上有重要地位的哲学家和政治家，在汉代武帝时代扮演着重要角色；在中国思想史上承接了孟子和朱熹，是儒学发展在汉唐时期的核心人物，是中国两千余年儒家官方思想的奠基人。

第四章　朱熹的教育思想及其当代价值

朱熹（1130 年 9 月 15 日—1200 年 4 月 23 日），字元晦，一字仲晦，号晦庵，晚称晦翁，谥文，又称朱文公。汉族，祖籍南宋江南东路徽州府婺源县（今江西省婺源），出生于南剑州尤溪（今属福建三明市）。南宋著名的理学家、思想家、哲学家、教育家、诗人、闽学派的代表人物，世称朱子，是继孔子、孟子之后最杰出的儒学大师。朱熹的一生，是献身教育的一生，是著书立说、为人师表的一生。朱熹的思想通过各种渠道传播到西方，对西方的文艺复兴运动产生深刻影响，莱布尼茨非常赞成朱熹的观点，认为朱熹主张提高人的道德修为的主张是提高民众素质最有效的方法。朱熹的理学思想还传到日本、韩国，并且影响到东亚各国。有人认为，朱熹与孔子是中国文化史上的两座丰碑。孔子对在他之前的中国传统文化进行了梳理、综述、发扬，创立儒家思想。朱熹则是把孔子之后儒学的发展进行了再整理，并把儒学重新拉回到中华民族文化的主流地位，抵制住外来思想尤其是佛教的侵袭，保住中华民族文化的根脉。正因为如此，朱熹成为唯一非孔子亲传弟子而享祀孔庙的人，位列大成殿十二哲者。

朱熹时代，儒家伦理思想体系建构完成。“朱熹曾被人誉为致广大、尽精微、综罗百代的，所谓致广大说的是通过有关伦理即天理的论述以及理、性、命三者本质同一的论述，沟通了天人关系以及内外关系，从而使儒家历来探究的天人、内外关系在天理论的基础上达到了新的统一。所谓尽精微，则是说朱熹在二程学说的基础上，对理学的各个范畴，就内涵、外延以及相互关系等方面都做了系统的整理和阐述。所谓综罗百代是说朱熹的学说是综合了当时我国理论思维最高的成就。朱熹，不愧是我国封建社会后期的大学问家。”①

朱熹的一生是勤于著作的一生。朱熹为儒家四部经典著作——《大学》《中庸》《论语》《孟子》分别注释解读，史称《四书章句集注》。《四书章句集注》是朱熹毕生的心血凝结，直到去世前一天，他还在对《四书章句集注》进行修改，做到了“毕力专研，死而后已”。《四书章句集注》是除《论语》之外另一部影响广泛且深远的儒家经典，奠定了程朱理学的根基，元代之后被朝廷定为官方科举考试的参考书，成为自南宋一直到清王朝几千年的官方思想。“东周出孔丘、武夷有朱熹”，泰山成就了儒学奠基者孔子，朱熹活动的地点主要在福建，武夷山的文化积淀孕育出朱熹的理学思想。孔子与朱熹成为中华民族历史发展上两座巍峨的丰碑，泰山也与武夷山一起成为中华民族文化永续相传的标志，成为每一个中华儿女心中的精神家园。

朱熹的一生是家国天下的一生。在《朱子家礼》中，朱熹把人的一生从出生、结婚直至死亡进行了统一的规定。朱子之前，传统的儒家思想被外来文化尤其是佛教思想冲击的七零八落，迫切需要重建礼仪秩序，对人们的行为规范进行引导与示范，以便重新构筑符合封建统治秩序的伦理秩序。在朱熹看来，礼从来就不仅仅意味着一场仪式，它是秩序、是导向、是规范，是人与人之间和谐的由来，是代代传承的根源。礼，延展在社会生活的方方面面，朱子更是以教化百姓为出发点。也许是少年时期丧父且颠沛求学的潜在影响，又或许是南宋社会动荡不安的紧张氛围，朱熹的礼从来不仅仅是为了儒者个人的独善，更多的是放眼于天下的兼济。礼修正人伦关系，重构伦理秩序，从某种角度来说，礼串联起家国天下、古今中外。

---

① 沈善洪、王凤贤：《中国伦理思想史》，人民出版社，2005，第378页。

朱熹的一生是春风化雨的一生。朱熹一生除却在武夷山收徒讲学之外，还曾经到过著名的岳麓书院、白鹿洞书院。在白鹿洞书院担任山长期间，他亲自起草《白鹿洞书院揭示》，为教师讲学、学生读书制定必须遵守的行为规范。直到今天，《白鹿洞书院揭示》如同春风化雨，滋润着中国教育事业的发展。另外，朱熹在岳麓书院亲自题写的“忠、孝、廉、节”四字，也成为中国古人尤其是中国文人的座右铭。

朱熹的一生也是跌宕起伏的一生。因其过人的才华，朱熹曾经多次为官，还曾经作为帝师为皇帝讲学。绍熙五年（1194）六月九日，孝宗驾崩，光宗禅让，宁宗赵扩继位。八月五日，命朱熹为焕章阁待制兼侍讲，成为新君宁宗“钦点”的十名经筵讲官之一，这是他生平唯一的一次入朝任职。这次贵为帝师的讲学最终因为朱熹的敢于直言得罪权贵而收场。然而，远离政坛的朱熹仍然没有逃过党禁的迫害。宁宗庆元元年（1195）下半年，当权新贵打出反“伪学”的旗号，枪口指向赵汝愚和朱熹，史称“庆元党禁”。在种种迫害之下，朱熹的生命很快走向终结。公元1200年，一代大儒朱熹去世。在朱熹最后的岁月里，因为政治迫害，往日的朋友、弟子都无法对朱熹进行照顾。在朱熹去世之后，南宋爱国主义词人辛弃疾为他写下著名的挽联：“所不朽者，垂万世名。孰谓公死，凛凛犹生。”

朱熹的一生，是承前启后、重新树立儒学经典的一生，是乐为人师、播撒智慧的一生，是仕途坎坷、栖栖遑遑的一生，是光辉灿烂、照耀千古的一生，是兴办教育、泽被后世的一生。就如同朱熹在《四书章句集注》里所说的，人的一生如果能做到修身、齐家、治国、平天下，正心、诚意，如此，足矣。

朱熹的教育思想，我们可以从以下几点来学习。

一、将教育分为“大学”与“小学”两个阶段

在前人教育实践的基础之上，朱熹总结自己的教育理念，认为不同年龄的人群接受教育的内容、形式、方法也不应该相同。人的生理年龄不同，对于外界的认知以及接受知识的能力明显不同，朱熹主张将8～15岁划分为小学阶段，将15岁以后定义为大学阶段。在小学阶段，教育的主要任务是“学其事”，即通过让受教育者亲身实践，养成良好的行为习惯。在这个教育阶段，没有必要向受教育者灌输太多的理论知识，因为在这个年龄阶段对于抽象理论的理解比较困难。但是，年幼的孩子模仿能力特别强，可以有意识地让他们学习行为规范，逐渐养成习惯。

中国古人历来非常重视儿童的教育。朱熹认为：“古者小学教人以洒扫应对进退之节，爱亲敬长隆师亲友之道，皆所以为修身齐家治国平天下之本。而必使其讲而习之于幼稚之时。”①模仿是人类最常见的学习行为，尤其是在人类童年，语言表达能力、逻辑思维能力以及对于社会的认知有限，模仿是孩子学习最初的也是最重要的形式。他们比较容易模仿的是自己的父母、家人以及师长。因此，在孩子成长的过程中，其成长环境异常重要。父母是孩子在这个世界上最早的也是最重要的成长导师，家长的一言一行、一举一动都会对孩子产生影响，因此，家长一定要以身作则，做好孩子的表率。

所谓模仿，就是“在没有外在压力的条件下，个体受他人的影响仿照他人，使自己与他人相同或相似的现象。模仿是人们相互影响的一种重要方式，当个体感知到他人的行为时，会有重复这一行为的愿望，模仿随之而来。其特点主要包括：首先，模仿的社会刺激是非控制性的，榜样是模仿的条件。”②从定义中可以

① 朱熹：《小学》，刘文刚译注，四川大学出版社，1995，第1页。

② 中国就业培训技术中心：《心理咨询师》，民族出版社，2015年第3版，第180页。

看出榜样对于模仿尤其是儿童成长的重要性。人类需要榜样，榜样的力量是无穷的。一个榜样就能筑起一座道德高地，就能形成一个扬善抑恶的辐射源。孔子说：“见贤思齐焉，见不贤而内自省也。”榜样作为时代先锋和社会楷模，他们的“贤”能够让人们产生心灵的震撼，激励人们追随和效仿，从而引领社会的主流价值观。“榜样的示范性功能，首先在于通过其具体的、感性的真实形象动之以情，具有鲜活的感染力。所以，我们选树的榜样不仅要在宏观上能提供一种方向性的启示，体现出某一行业、某一领域、某一社会群体的精神风貌，而且要使榜样回归于有喜怒哀乐和成功与失败体验的真实生活之中，在微观上展示榜样的成长轨迹，展示他们如何在平凡中坚守，如何战胜自我、攻坚克难、不懈进取的奋斗过程。榜样的具体化、人格化，可以让人们从那些具有可信度和感染力的事迹中受到教益和启示，从而产生榜样能为、我亦能为的心理认同和道德自信；可以昭示效仿者从具体处做起，在平凡而具体的实践中不断升华自己，一点一滴地为社会积累正能量。”①

模仿是人类的天性，大学生也会有模仿的倾向。根据一线教师的观察与访问，大学生在校期间的四年可以大致分为四个阶段：第一阶段即大一新学期开始之后，大部分学生还延续着高中时候的行为习惯，把考试分数、学习成绩摆在第一位；第二阶段从大一下学期开始一直到大三的上学期，是大学生迷惘、分化、寻找方向的时期。在这一时期，刚入大学的新鲜感已经逐渐淡化，心目中的大学看来也不过如此，学校生活变得索然无味，学生开始有意无意模仿周围人，如果这个时候他的周围都是那些喜欢玩游戏的人，他们也就逐渐开始昼夜颠倒、沉迷游戏的生活。如果周围大部分是热爱学习有自己明确奋斗目标的学生，大学生也会自然而然更加注意自己的成绩，用更多的时间提升自己的综合素质，所谓“近朱者赤”。

---

① 王玉平：《发挥好榜样的示范引领作用》，《河北日报》2013 年 7 月 10 日。

第三个阶段是明显的分化时期，沉迷游戏的开始屡屡挂科，学习成绩一塌糊涂，而热爱学习的大学生开始准备毕业后的去向，包括考研、考公等。第四阶段也就是大学即将毕业之时，沉迷游戏的同学忽然发现大学阶段已经要结束而自己几乎一无所获，而认真学习的同学都有了自己沉甸甸的收获，踌躇满志，准备进入人生下一个崭新的篇章。每年的研究生考试发榜的时候，我们都会发现一个很有意思的现象，有的宿舍 6、7 个人全部考研成功。这恰恰说明榜样的力量在大学生成长过程中的示范力量。大学阶段如同扣扣子，如果第一粒扣子扣错了，下面其他的扣子都会扣错。历史上孟母曾经为了孟子的学习三次搬家，目的就是为孟子寻找良好的学习环境。由此可见，年轻人在成长过程中选对模仿对象的重要性不言而喻。

在朱熹看来，根据学生的成长特点、接受能力，儿童时期的教育应该以洒扫应对、进退之节、爱亲敬长、隆师亲友之道为主要内容。通过这种形式上的学习，让学生形成良好的生活习惯，为大学阶段接受更高深的理论知识体系做好充分的准备。15 岁以后就要进入大学阶段的学习了。大学阶段教育的任务是在完成小学教育的基础上，对学生进行理论体系、事物本质、伦理道德的学习，把他们培养成适合社会需要的栋梁之才。如果说“是什么”是小学阶段教学的主要内容，那么“为什么”则是大学阶段教育的重点，即重在探究“事物之所以然”。

大学阶段，不仅教学内容不同，而且教学方式与小学阶段也有所不同。小学阶段，家长、老师要手把手地教，大学阶段主要依靠学生自学，让学生之间、教师与学生之间有自由讨论的机会与时间，通过自由讨论，激发学生学习的兴趣，点燃兴趣的火花，从而达到教育的真正目的。朱熹关于小学和大学教育的见解，为中国古代教育思想增添了新鲜的内容。

二、创立独具特色的“朱子读书六法”

作为南宋时期著名的哲学家、教育家，朱子一生以传播道学为己任，怀有强烈的社会责任感，他倡导弟子要多读书，为此发明独具特色的“朱子读书六法”，即循序渐进、熟读精思、虚心涵泳、切己体察、着紧用力、居敬持志。

1. *循序渐进*

众所周知，学习是一个循序渐进的过程，人的一生就是一个不断学习的过程。幼年时期，父母亲友是孩子学习的直接范例，长大之后，师长朋友又给予我们很多启示。读书同样是一个由简入繁、由浅入深的过程。朱熹说：“读书之法，在循序而渐进，熟读而精思。”“凡读书，须有次序，且如一章三句，先理会上一句，待通透，次理会第二句、第三句。”他强调，读书要一步一步来，“譬如登山，人多要至高处，不知自低处不理会，终无至高处之理”。他说：“读书之法，莫贵于循守而致精。”书籍是人类进步的阶梯，书籍记载着人类文明的脉搏，读书会让人增长知识、增加阅历，提高自身修养，与古人对话，与文明对话。但是读书也要遵循一定的法则，即先易后难。朱熹把读书比喻成登山，必须一步步循序渐进，不可急于求成。

读书的重要性不言而喻，只是在当下电子产品泛滥的年代，能够平心静气读书的年轻人越来越少了。大学课堂里，学生不听课玩手机的现象屡禁不止。针对这种现象，我们一定要尽快制定出切实可行的方法。教师可以介绍一些风趣幽默又有知识深度的书籍与学生分享，还可以在班级群内部搞一些读书会等活动，让学生同读一本书，然后在一起分享读书的结果。通过这样的方式吸引学生回到书籍中来。另外，教师要对分享的书籍把关，古今名人故事、哲学经典典籍、中国古代优秀文化作品等都可以向学生推荐。通过阅读《三国演义》《红楼梦》等名著，不仅可以分享书中人物的喜怒哀乐，而且还可以陶冶情操、增长知识。另外，对于电子产品宜疏不宜堵。年轻人本就愿意接受新鲜事物，这无可厚非。不过，要从法律上督促、制约一些网络产品开发商，制作一些真正适合年轻人阅读的网络书籍，严把质量关，真正承担起企业的社会责任。

2. 熟读精思

读书，为人类打开了一所知识的宝库。通过阅读，我们可以知古鉴今。在读书的过程中切忌漫天撒网，而要熟读精思。把一本书真正读懂并不容易，尤其是经过时间洗礼留下来的经典著作更是如此。朱熹认为："大抵观书，先须熟读。使其言皆若出于吾之口；继以精思，使其意皆若出于吾之心。然后可以有得尔。"意思是说，熟读是读书的基本要求，唯有熟读，才能做到书中所言就好像出自读者自身，在熟读的基础上，加上自己的精思，才有可能真正读懂作者的意图，从而有所收获。比如《三国演义》，初读时会被诸葛亮的睿智、曹操的奸诈多疑、关羽的忠勇仁义所吸引，仔细回味之后，会发现古人距离我们并不遥远，古人的喜怒哀乐、离愁别恨、爱恨情仇我们正在一一经历和体会。另外，从经典著作中我们可以悟出许多做人的哲理。刘备年少时以织席贩履为业，因为善于用人而三分天下；孙权因为审时度势而占据江东天险。司马迁的《史记》被鲁迅先生称为"史家之绝唱，无韵之离骚"，里面不仅有对于历史事件、历史人物的真实记载，帮助我们了解那些峥嵘岁月，而且里面有很多为人处世的至理名言。比如在分析汉高祖刘邦得天下的原因时，《史记》这样记载："高祖曰：'列侯诸将无敢隐朕，皆言其情。吾所以有天下者何？项氏之所以失天下者何？'高起、王陵对曰：'陛下慢而侮人，项羽仁而爱人。然陛下使人攻城掠地，所降下者因以予之，与天下同利也。项羽妒贤嫉能，有功者害之，贤者疑之，战胜而不予人功，得地而不予人利，此所以失天下也。'高祖曰：'公知其一，未知其二。夫运筹策帷帐之中，决胜于千里之外，吾不如子房。镇国家，抚百姓，给馈饷，不绝粮道，吾不如萧何。连百万之军，成必胜，攻必取，吾不如韩信。此三者，皆人杰也，吾能用之，此吾所以取天下也。项羽有一范增而不能用，此其所以为我擒也。'"[①]在这里，司马迁借助汉高祖刘邦之口，说出了职场用人的真理，即每个人都有自己的优点和缺点，一个成功领导的作用就在于扬长避短、知人善任，熟知每个人的特点，然后择其优而用之。张良的优点在于运筹策帷、决胜千里，而出兵打仗则是韩信的强项。另外，对于人与人之间特别是与共患难的领导之间的交往，《史记》中也给出了明确的答案。越王勾践的复国雪耻行为离不开范蠡与文种的大力协助，然而，功成之后全身而退却不是每一个臣子都能够做到的。越王勾践在称霸之后，范蠡意识到自身处境并及时抽身而退。"范蠡遂去，自齐遗大夫种书曰：'飞鸟尽，良弓藏；狡兔死，走狗烹。越王为人长颈鸟喙，可与共患难，不可与共乐。子何不去？'种见书，称病不朝。人或谗种且作乱，越王乃赐种剑曰：'子教寡人伐吴七术，寡人用其三而败吴，其四在子，子为我从先王试之。'种遂自杀。"[②]读完不禁令人唏嘘，文种以自杀为结局，而范蠡却能够全身而退，且获"陶朱公"美誉，这与做人智慧息息相关。

3. 虚心涵泳

所谓"虚心涵泳"，就是强调我们在对待新事物、新问题的时候，态度首先要端正，要勇于接受、敢于融入新事物中，而不是先入为主、主观臆断，固守以前的老观念、老思想。如此，不仅个人无法进步，社会也会停滞不前。对于读书，只有沉潜其中，反复玩味和推敲，才能获得其中之味，接受其中新鲜元素，促进自身素质不断提高。

---

① 司马迁：《史记》，上海古籍出版社，2016，第 308 页。

② 司马迁：《史记》，上海古籍出版社，2016，第 1256 页。

朱熹认为，我们在读书时首先要端正态度，勇于接受新鲜事物，尤其是与自己原本观点不一致的新事物，因为任何新事物在最初产生的时候，总是要面临诸多怀疑、质疑甚至诘难，可是这并不影响新事物的成长。在唯物辩证法看来，所谓新事物就是代表了历史发展方向具有远大前途的事物，而旧事物则是丧失历史必然性日趋灭亡的东西。不管是自然界还是人类社会，新事物必然代替旧事物。新旧事物之间是“扬弃”，即发扬旧事物的优点、抛弃旧事物的缺点。新事物是在旧事物母体中孕育成熟的，它不可避免地带有旧事物的某些特点，当然也增添了旧事物所不能容纳的新内容。对待新事物，要勇于接纳，另一方面，对于新事物也要包容与支持。其实，新事物与旧事物的关系就是传统与现代、继承与扬弃的关系。

任何国家、任何民族都有自己的历史发展与文化特点，对于其中的积极合理因素，后人要学会继承发扬。中华民族有着五千年文明发展历史，在这个国家中，古老与现代、传承与发扬每时每刻都在上演。历史是最好的教科书，学习古代文化可以让我们熟悉历史发展规律，少走弯路、错路。中华传统文化中有诸多因素值得我们学习，比如孝亲敬老思想、尊敬师长思想、和睦友善思想。相传孔子门下有一位弟子名叫闵子骞，以孝闻名。闵子骞自小失去母亲，父亲为了照顾闵子骞的生活，娶了后妻，后妻有了自己的孩子之后对待闵子骞非常刻薄。有一年天降大雪，闵子骞与父亲一同外出劳作，途中被冻得瑟瑟发抖，父亲以为闵子骞在偷懒，于是鞭打闵子骞，结果发现闵子骞的棉衣里装的是芦花，父亲一怒之下要休妻。闵子骞恳求父亲留下后母，并且劝慰父亲“母在一子单，母去三子寒”，后母感念闵子骞的至孝，也逐渐改变对于闵子骞的态度，一家人和睦愉快地生活在一起。

朱子的“虚心涵泳”教育理念告诉我们，年轻人读书要善于接受来自历史、书籍、哲人、师长的积极合理建议，虚心请教，只有这样才能跟上时代脚步，做时代的领跑者。

4. 切己体察

朱熹认为，读书非常重要的一点就是将理论与实践结合起来，将所学道理亲自体验，躬行实践，不能读死书，不能纸上谈兵。古代中国人非常讲究“知行合一”，即理论要与实践结合。而马克思主义认识论也主张，我们认识世界并不是最终目的，改造世界才是人们读书的真正目的。在朱熹看来，要想达到读书的极佳效果，一定要把自己与书中事、书中人结合起来，把自己代入书中所讲的历史事件中，见微知著，举一反三。

中国古人非常重视对于后代子孙的思想教育，在文章、诗词、家书中充满对后辈的殷殷期望。著名词人陆游生活在风雨飘摇的南宋时期，一生期望驱逐外侵、山河稳定，奈何朝廷软弱、一心求和。在弥留之际，依然没有看到南宋还都，陆游写下《示儿》表达对于国家统一的强烈渴望：“死去元知万事空，但悲不见九州同。王师北定中原日，家祭无忘告乃翁。”每每读到这首诗，诗人浓浓的爱国情怀都会跃然纸上。诗以言志，清代著名思想家、诗人袁枚用一首《苔》，“苔花如米小，也学牡丹开”，表达自己虽身处卑微、依然蓬勃向上、勇敢追求梦想的信心与决心。后人读到这首诗的时候，一方面会为袁枚不屈不挠、坚强乐观的态度所打动，另一方面，也会学习诗人虽然身处逆境却对未来一直抱有美好期许的坚强品格。

另外，古人还为我们提供了诸多学习方法。孔子“教学相长”的理念在今天依然有其教育价值。对于教学活动而言，教师教学、学生听课是一个良性互动的过程。一方面教师备课认真、学识渊博、学高身正，学生尊敬教师，自然会认真学习；另一方面，学生认真学习、勤于提问，在很大程度上也会激励教师把更多的热情、时间与精力投入到教学活动中。在这个过程中，不管是教师还是学生都会得到锻炼与提高。

清代林则徐对于儿孙的教育理念，也非常值得后人学习。林则徐认为，后世儿孙当自强自立，切不可对长辈的财富过多依赖。“子孙若如我，留钱做什么？贤而多财，则损其志；子孙不如我，留钱做什么？愚而多财，益损其过。”如果孩子没有开拓精神与吃苦耐劳意识，犹如“温室里的花草”，经不得一点挫折与失败，这样的教育是失败的，所以适度的挫折教育对孩子的成长是有利的。梅花含香要经得起一番寒彻骨，莲花圣洁原是出自污泥之中。

“挫折是在个体从事有目的的活动过程中，遇到障碍或干扰，致使个人动机不能实现、需要不能满足的情绪状态。挫折教育的内容有很多方面，其中在《挫折教育》一书中写道：挫折教育不仅包括吃苦教育、生存教育、社会教育、心理教育，也包括独立、勇气、意志及心理承受力等方面的培养。所以说挫折教育不仅仅是让孩子简简单单受点挫折、吃点苦，而是时时刻刻、潜移默化从各个方面着手，培养孩子的耐挫折能力。实施挫折教育是在恰当的、科学的教育指导下，根据孩子教育事业发展的要求，提出一些难题，创设一些情绪，启发孩子动手、动脑来解决问题，使孩子养成乐于尝试，敢于克服困难，勇于承受挫折的习惯，从而使孩子渐渐地摆脱依赖，形成良好地适应能力和对挫折的承受能力。”①

挫折教育对于每个孩子的成长必不可少且意义非凡。首先培养身心独立的性格。挫折教育不是一蹴而就的，要从孩子刚出生就开始培养孩子身心的独立，孩子到了能走路的关键期，在确保安全的环境下，让孩子自己独立完成，不要总是抱着、帮孩子迈步等。孩子独立完成一项任务之后，会产生自豪感，这样孩子就很有自信，从而影响以后的生活，有利于孩子身体心理的健康发展。家长总是在教育着孩子要乐于帮助别人，并且也在事事都身体力行地帮助着孩子。通过让孩子进行挫折方面的教育，使孩子心理健全起来，用一颗善良的心、开朗的心去面

① 周萍：《浅谈挫折教育的现实意义》，《科教新时代》2014 年第 6 期。

对社会，面对各种各样的人。然后提高解决问题的能力。孩子在成长过程中，会遇到各种各样的问题，每个孩子都需要学会自己去解决问题，学会处理生活中的各种事情，需要去经历和面对一些挫折，这样解决问题的能力就自然而然随着历练而变得更强大。在孩子学习生活中，家长可以随机利用日常情景，或者模仿日常生活中的难题，让孩子开动脑筋，自己去完成任务，解决问题。但是在创设困难情景的时候，需要注意一些问题：要适量适度，否则引起孩子的挫败感，让孩子不再敢去尝试新事物，从而失去了探索新事物的信心；在孩子遇到困难退缩的时候，家长或老师要给予鼓励，当孩子做出努力并取得一些成绩的时候，要及时地给予肯定；要及时疏导陷入严重挫折情景的孩子。

5. 着紧用力

“着紧用力”是朱熹劝解世人读书的另一个重要法则。朱熹认为，在读书时必须倾尽全力，要有吃苦耐劳、破釜沉舟的精神与毅力，唯其如此，才能读好书，才能从读书中受益。世人皆知，读书是一件苦差事，没有坚定的信念与意志，很难把书读好。在他看来求学者用悠闲散漫的态度对待学习，不着紧用力、不专心，是最大的毛病。古人认真读书的例子比比皆是，对于今天的大学生而言，依然具有很强的教育意义。

欧阳修是北宋时期著名的政治家、文学家，自幼非常喜欢读书，无奈家中贫困，买不起纸笔，母亲就以芦秆为笔在地上教他识字，这就是“画荻教子”的故事。没有办法购买书籍，就从邻家去借，然后自己抄写下来。因为天资聪颖，再加上认真苦读的态度，欧阳修年少即有所成，后终成一代文豪，其《醉翁亭记》在中国几乎家喻户晓。儒学的开创者孔子读书非常认真，《史记》记载：“（孔子）读《易》，韦编三绝。曰：‘假我数年，若是，我于《易》则彬彬矣。’”意思是说孔子读书非常刻苦，经常觉得时间不够，读《易经》之时，由于经常翻看，把穿书用的牛皮绳都弄断了。

祖逖生活在晋代，从小志存高远，可年轻时的祖逖比较贪玩淘气，后来他逐渐意识到只有美好的愿望而知识贫乏、不读书，无以报效国家，从此开始认真读书。有一天半夜里祖逖在睡梦中听到公鸡的鸣叫声，他一脚把同伴踢醒，说："别人都认为半夜听见鸡叫不吉利，我偏不这样想，咱们干脆以后听见鸡叫就起床练剑，如何？"朋友欣然同意。于是他们每天鸡叫后就起床练剑，剑光飞舞，剑声铿锵，春去冬来，寒来暑往，从不间断。功夫不负有心人，经过长期的刻苦学习和训练，他终于成为能文能武的全才，既能写得一手好文章，又能带兵打胜仗。祖逖被封为镇西将军，实现他报效国家的愿望。

6. 居敬持志

"居敬持志"出自朱熹的《性理精义》中的"为学之道，莫先于穷理；穷理之要，必在于读书；读书之法，莫贵于循序而致精；而致精之本，则又在于居敬而持志"。这被后人视为朱熹提出的读书六法中最重要的方法。

所谓"居敬"，意思是说不管读什么书，读书时一定要精神专一，注意力集中。专注用心是读书最重要的原则。读书的要诀不仅在于每天都坚持，更重要的是读书时一定要全神贯注、专心致志、心无旁骛。董仲舒读书曾经"三月不窥园"，终成一代大儒。当今世界，吸引年轻人的新鲜事物太多，电子产品、网络游戏、交友软件等，都会吸引年轻人的注意力。如何解决读书专注力的问题，一直是教育界以及全社会共同关心的问题。

要想提高读书时的专注力，有以下几点需要注意。首先，读书之前规定自己读完一本书的时间。太过放松的状态，注意力不容易集中，并不利于提高读书效率，给自己制定一个读书时间表自然而然会有紧迫感，督促自己集中注意力。其次，选择一个安静的读书环境很重要。图书馆是个不错的地方。读书的时候，要把手机、电脑等放到尽可能远离视线的地方，如无紧要事情，手机可以选择静音。读书重点是要用心，而不是用眼睛去读。另外，选择一本好书，对于提高读书效率也非常重要。一本好书，可以帮助人们打开通往知识宝藏的门。读一本好书，犹如和一位哲人在进行思想交流，如沐春风，充满智慧之光；读一本好书，不仅可以提高个人修养，开阔视野，还可以启迪心知；读一本好书，不仅可以陶冶情操，还可以领悟多样人生。读书，让我们体会到“锄禾日当午，汗滴禾下土”的艰辛；读书，让我们感知到“四海无闲田，农夫犹饿死”的无奈；读书，让我们感受到“为报倾城随太守，西北望射天狼”的豪情壮志。读书的好处在于提高生活的质量，填补人生的空白，不至于在大好的年华里无所事事。从书本中，我们学会提炼有用信息，汲取成长所需营养。所以，我们应充分认识到读书对改善生活的重要意义，只有这样，才是一种负责任的人生态度。

所谓“持志”，意思是一定要坚定读书的志向，坚信读书会让自己变得更好。古人对于读书非常重视，所谓“万般皆下品，唯有读书高”，读书人的理想就是“耕读之乐”。书籍是人类文明的结晶，它记载了从古至今的无数智慧，为我们指明前进的方向，提供无穷的精神动力。读好书能开启心灵的智慧之门，开阔人的眼界和思维，赋予人看清世界的能力和勇气。在如今的生活氛围下，读书更是教育孩子摆脱低级趣味，培养高尚情操，树立远大理想的必经之路。不读书的家长是不负责任的家长，不读书的孩子必然精神贫乏。

从书本中，我们知道了海洋之阔、空间之大、时间之远。知道的越阔、越大、越远，树立的理想就越远大。高尔基在谈到他的人生经历时，也对青年们说过一段意味深长的话:“书籍鼓舞了我的智慧和心灵，它帮我从腐臭的泥潭中脱身出来，如果没有它们，我就会溺死在那里面，会被愚笨和鄙陋呛死。”读书使我们的生活不断丰富，素质全面提高。手不释卷才能掌握丰富的科学文化知识，五彩缤纷的生活画卷才会展现在我们面前，使我们每天都有新的收获，时时都能感到人生的美好。

三、普及文化、教化乡里

朱熹一生勤于著书立说，传播儒家思想，《四书章句集注》在元代以后更是被皇帝钦点为科举考试的标准教材，对于中国传统文化的传播起到不可替代的作用。

在今天看来，朱熹对于后世的影响远不止于此。朱熹将儒家思想进行通俗化、世俗化阐释，把高高在上、抽象深奥的儒家思想翻译成简单直白、可理解、可操作的日常行为规范，包括人们的说话、做事、读书、丧葬礼仪等，即使在今天，中国人的行为习惯、思维方式多受朱熹的影响。他认为，如果一个人连良好的日常生活习惯都难以遵循，根本就不堪大用，因此，朱熹花大力气写作《朱子家礼》。一部《朱子家礼》涵盖了通礼、冠礼、昏（婚）礼、丧礼和祭礼五部分，也就是一个人从出生到死亡的全部过程都要遵循一定的规则，即“礼”。《朱子家礼》一书是朱子将其理学思想应用于庶民，影响于草根，深入到社会的最基本细胞——家庭的社会实践，理学从天上映入人间。《朱子家礼》很快流行并实行于社会各阶层之事实可以证明，朱子的社会实践是成功的。人民大众乐于接受这种“天理”到“人间”的对接。

南宋时期，北方游牧民族大举入侵，朝廷疲于应对，另外，佛教思想从印度传入之后也在南宋发展到顶峰。外族的入侵以及外来文化的传入严重动摇了自董仲舒时期开始的儒学独尊地位。朱熹的《朱子家礼》就是基于百姓的日常婚丧嫁娶，从“孝”的角度详细规范了日常行为必须遵从的礼仪规范。

朱熹至孝，母亲去世之后，朱熹开始归隐山林，在母亲墓前筑寒泉精舍为母亲守墓。守墓期间勤奋写作，《朱子家礼》初稿编成。

《朱子家礼》的第一部分为《通礼》，所谓“通礼”就是普通百姓日常必须遵循的行为规范。《通礼》开篇就祠堂的规制、祭扫程序等进行了详细规定。祠堂作为家族活动的中心，围绕家族的一系列大事都要在祠堂里决定。作为中国宗法社会的主要载体，祠堂对于社会稳定、家族兴衰起到了不可估量的作用。祠堂是中国封建社会的产物，是宗法、习俗、娱乐、礼仪、教育等家族文化的载体。封建社会不仅仅是政权世袭的“家天下”，更具特色的是姓氏家族的“家天下”。封建帝王的统治大厦依靠民间一个个小的宗法家族集体来维持，其社会控制作用被逐渐正统化，并在人们生活中起着无可替代的作用。《通礼》还规定了最重要的节日，比如清明、寒食、重午、中元、重阳等，时至今日，这些依然是中华民族最重要的节日。

第二部分为《冠礼》。“冠礼”作为汉族男子的成年礼，意味着男子可以娶妻生子。《朱子家礼》中规定，男子年十五至二十皆可冠，女子年十五即可许嫁笄。朱熹详细描述了在成年礼中衣帽、礼拜、宾客等礼仪。成年礼在人类文明的发展过程中普遍存在。即使在今天，成年也意味着人已经具备进入社会的能力与资格。世界上各个民族都有自己不同年龄、不同形式的成年礼。在中国年满 18 周岁是成年的标志，开始享有选举权与被选举权，为自己的所有行为负法律责任。成年礼在很大程度上意味着社会责任心与义务感。大学生绝大部分都是 18 周岁以上的成年人，这不仅意味着学生开始脱离父母的保护独立走向社会，更意味着作为一个完全民事行为能力人履行自己的权利和义务。作为教师，可以充分利用大学生成年的机会，集体组织一次成人礼。这样的活动，一方面给予学生仪式感，让他们感受到自己成年所带来的幸福与喜悦，懂得孝敬父母、感恩师长、快乐生活；另一方面，也要教育学生知法懂法，严格遵守法律的各项规定。

《朱子家礼》的第三部分主要是对于婚礼的规定。婚姻是人生大事。对于父母而言，婚姻意味着孩子脱离原来家庭而组建新的社会单元，对于年轻的夫妻而言，婚礼意味着他们彼此之间有了更多的责任与义务。因此，古今中外人们对于婚礼都极为重视。在《朱子家礼》中，有一系列复杂的订婚、结婚仪式，显示出古人对于婚姻的重视程度。对于丧礼和祭礼，《朱子家礼》中也有明确的规定。

“朱子是中古时期中国复兴儒学与行动儒学的最伟大和最成功的思想家，集理学之大成，构建了以性理学说为核心的形而上的理学体系。但是他同样关注与重视天理与人心的连结与过渡，重视天理对形而下的世俗社会的影响与干预。在他看来，儒家的礼仪就是把天理和人世间进行对接和过渡的最好方式。”[①]

《朱子家礼》正确处理了传统与现代、继承与扬弃之间的关系，对于我们正确看待传统文化也具有极高的参考价值。“从朱子对古礼的改造和重建中我们可以看出，朱子对待传统的做法是：继承传统而不拘泥于传统。对待传统，朱子怀着一种敬畏的热爱，他高度认同传统的价值，并以承传传统为己任。我们来看朱子思想的展开，他所依傍的主要是传统的儒家经典文献，而他展开思想的主要方式则主要是述而不作。述实质上就是借用传统的思想与理论资料来表达自己的思想。他是传统的延伸，而不是另起炉灶。这证明，他的方法论与他的理论基础是一致的，这是道统的另一种表现形式。但是继承传统并不是拘泥于传统。传统在朱子那里是活的、发展的和开放的。朱子思想的展开是以传统的经典文献为依归的，但是，这种展开并不是重复传统、复制传统，而是用新的理念、新的视角、新的方法，对传统的经典进行全新的与时俱进的诠释。朱子的高明之处在于他决不纠缠于对过去思想资料的评判和争论，而是高屋建瓴地用新方法、新观念对传统和经典进行重新解释。当然，这种新解是以对文本的全面理解和把握为基础的，是言之有理和有说服力的。这要以博学和通达为背景。”[②]基于朱熹对于传统文化的继承与开新，我们更愿意把他称为行动的儒学。

① 朱杰人：《朱子家礼的现代演绎》，在朱子诞辰八百八十周年上的讲话，2010 年 11 月。
② 朱杰人：《朱子家礼的现代演绎》，在朱子诞辰八百八十周年上的讲话，2010 年 11 月。

四、积极推进不同思想学派之间的交流

1. 鹅湖之会

作为南宋时期的大儒，朱熹始终秉持开门做学问的理念，对于不同思想、不同理念不会质疑与排斥，而是虚心谦恭，积极推进不同学派之间的交流，客观上起到促进思想传播的作用。在湖南长沙的湘江边上，至今仍建有朱张渡。朱张渡是为纪念历史上一次著名的学术交流而修建的。公元1167年，朱熹闻得张栻得胡宏之学，就专程从福建启程前往长沙去拜见。当时的张栻担任岳麓书院的主教，两个人在湘江边彻夜会谈，并就《中庸》之义的“未发”“已发”及察识持养之序等儒学问题进行深入探讨，后人称之为“三日夜而不能合”，足见当年辩论的盛景。经过辩论，朱熹对于张栻的“性为未发，心为已发”“先察识后持养”等观点曾表示赞同，并将其引入自己的学说之中。从此，朱熹与张栻之间信件往来不断，两个人各抒已见、互相交流、取长补短，成就了中国文化交流史上的一段佳话。与张栻在学术思想上和解之后，两个人又把共同的目标放在当时另外一位大儒陆九渊身上，自此开启南宋后期儒学的两个分支——理学与心学的对话。1175年朱熹与陆九龄、陆九渊兄弟和刘清之等在鹅湖展开了中国哲学史上一场最著名的会谈，也就是著名的“鹅湖之会”。这场学术史上的辩论，主持人是吕祖谦，辩论双方的代表是朱熹和陆九渊，目的是讨论学术异同。“鹅湖之会”不仅是朱熹与陆九渊之间的学术交流，更为后人开启了不同学派之间交流的典范，充分体现了中国知识分子的追求与修养。中国文人的学术交流由来已久，每个人都可以自由发表自己的见解，不管是布衣百姓还是王公贵胄，发言的权利被充分尊重。

理学历史上又称“程朱理学”，代表人物是程颐、程颢以及朱熹。按照唯物史观的观点，程朱理学主张“理在事先”，属于客观唯心主义。而心学的代表人物是

陆九渊与王阳明，主张“心外无物”，是中国哲学史上的主观唯心主义。宋明时期的儒学，不同于单一的孔孟儒学，也有别于董仲舒的官方学说，而是适应社会需要、糅杂道家思想与佛教思想的新儒学。朱陆理学思想之间的矛盾是从本体论、认识论和方法论上展开的，而焦点集中在是否以心为宇宙本体。朱熹认为心与理既有密切联系，又有区别，理是本体，心不是本体，心是认识的主体；陆九渊则以心与理为一，心为宇宙本体，以心统贯主体与客体。

在李泽厚看来：“由于宋明理学细密的分析、实践的讲求立志、修身，以求达到内圣外王、治国平天下，把道德自律、意志结构，把人的社会责任感、历史使命感和人优于自然等方面，提扬到本体论的高度，空前树立了人的伦理学主体性的庄严伟大。在世界思想史上，大概只有康德的伦理学能够与之匹敌或者相仿。康德著名的墓志铭‘位我上者，灿烂星空；道德律令，在我心中’，与张载的名言‘为天地立心、为生民立命、为往圣继绝学、为万世开太平’在表现人类主题伦理性本体的崇高上，是同样伟大的。”①

2. 岳麓学规

在推动不同学派之间平等交流的同时，朱熹兴办学院担任山长，亲自制定学规。朱熹与岳麓书院的关系成就了中国教育史上的一段佳话。岳麓书院与朱熹存在着一种不可割断的历史联系：一是被学术史上传为佳话的“朱张会讲”，开启理学中闽学和湖湘学的交融汇合，朱学即闽学影响了湖南文化的发展，促使了朱学在湖南的传播，湖湘学也影响了朱熹思想的形成和发展，促成闽学的发展。二是朱熹知潭州时兴学岳麓书院。他制定一系列兴学岳麓的措施，直接推动岳麓书院持续的发展。这两件事都是岳麓书院历史发展过程中的重大事件，曾对岳麓书院历史发展产生了巨大影响。

---

① 李泽厚：《中国古代思想史论》，生活·读书·新知三联书店，2017，第235页。

朱熹亲自为岳麓书院制定学规。南宋绍熙五年（1194），朱熹任湖南安抚使，他着手振兴岳麓书院教育。对书院影响最大的举措就是将《朱子书院教条》颁于书院，以贯彻他的办学方针和教学思想，使岳麓书院第一次有了正式的学规。对岳麓书院的教学、学风产生了重大影响。《朱子书院教条》原名《白鹿洞书院揭示》，也有人称之为《白鹿洞书院教条》《白鹿洞书院学规》。淳熙六年（1179）朱熹受命担任南康军主官，他冲破各种阻力，依靠地方力量，仅仅用了半年时间，将白鹿洞书院初步修复。朱熹率领军、县官员同书院师生一起，祭祀先圣先贤，举行了开院典礼，并讲授《中庸首章》。并取圣贤教人为学之大端，揭示于门楣之间，作为院中诸君共同遵守的学规，人们称之为《白鹿洞书院揭示》。这是朱熹为了培养人才而制定的教育方针和学生守则。朱熹在任期间，非常重视岳麓书院的发展与教学工作，他聘请讲书职事与学录。聘请朱子门人贡士黎贵臣充当书院讲书职事，另又聘请张栻门生郑一之为学录，掌管学规和辅助教授。为了弘扬儒家思想，朱熹甚至去岳麓书院亲自执教，亲自督课。当时的岳麓书院已经非常破败，在此读书的学生寥寥，朱熹为了重振岳麓书院往昔的盛景，更好地培养学生，他决定将他撰写的白鹿洞学规揭示于岳麓，以此规训学生，这被称为《朱子书院教条》。《朱子书院教条》由此成为中国历史上著名的书院学规，影响岳麓书院长达千年。到淳祐元年（1241），宋理宗视察太学时，亲笔手书朱熹的《白鹿洞书院揭示》赐给太学生，并颁行天下学校。其后，或摹写、或刻石、或模仿，遍及全国书院及地方官学。于是，一院之教条，遂成天下共遵之学规。而随着中国书院制度之推广，它又东传朝鲜、日本，不仅当年奉为学规，至今尚有高校将其作为校训，可见其影响既深且远。日本学者中江藤树在1648年将自己创办的私塾正式更名为书院，这是日本第一个冠以书院名称的私立教育机构。书院制定的条规几乎全盘照录《白鹿洞书院教条》。藤树书院成为当时日本最为优秀的一所私立书院。日本历史上，朱子学曾被定为国学，凡是讲授朱子学的学校都把《白鹿洞书院教条》作为准则并在讲堂悬挂。1853 年创办的兴让馆不仅悬挂，而且每天早晨上课前师生齐诵《白鹿洞书院教条》。明治维新后，兴让馆成为有学生千名的私立高等学校，仍坚持在晨礼时齐诵《白鹿洞书院教条》。在开学典礼、毕业典礼和校友会等各种纪念活动中，也是先齐诵《白鹿洞书院教条》，再开始其他活动[①]。

《朱子书院教条》内容简明扼要、论证严谨，是中国历史上不可多得的书院规则。在今天看来依然意义非凡，具有很强的教育参考价值。《朱子书院教条》集古代中国儒家思想教育精华于一体，其中朱熹将历代大儒关于治学的思想进行了高度概括整理。

（1）《朱子书院教条》规定了读书学习的根本目的。在朱熹看来，教学生读书并不是单纯教授知识，更重要的是对于学生良好品德的培养，目的是能够达到父子有亲、君臣有义、夫妇有别、长幼有序、朋友有信（此句出自《孟子》中的“圣人有忧之，使契为司徒，教以人伦；父子有亲，君臣有义，夫妇有别，长幼有序，朋友有信”）。作为儒家思想的传承人，朱熹非常看重对于学生品质的教育。

（2）《朱子书院教条》规定了为学之序即学习知识的正确顺序：博学之、审问之、慎思之、明辨之、笃行之。在朱熹看来，人首先要多读书，对各种知识都要有所了解，在拥有丰富知识的基础上对于所学知识进行深入思考，然后明辨哪些是正确的，在此基础上实践真理。从这点上我们可以看出，朱熹认为读书最终的目的是指导人的实践活动，只有多读书，才能拥有明辨是非的能力，才能拥有济世救民的胸怀。

（3）《朱子书院教条》坚持读书之人之修身之要为言忠信、行笃敬。“言忠信、

① 鄢益之：《书院史话之岳麓书院最早的正式学规和字数最少的学规》，湖南大学离退休处，2017 年 9 月。

行笃敬”出自《论语》中的“子张问行，子曰：言忠信，行笃敬，虽蛮貊之邦，行矣。言不忠信，行不笃敬，虽州里，行乎哉？立则见其参于前也，在舆则见其倚于衡也，夫然后行。子张书诸绅。”言忠信，意思是为人言语一定要忠诚老实，不可撒谎；行笃敬，意思是行为敦厚严肃。通过言忠信、行笃敬，教育学生说话做事忠诚老实，唯有如此，方可为值得信任的人。诚实守信是中华民族的传统美德，是做人的根本。没有诚信的人根本无法得到别人的信任，更不愿意与之合作。

人而无信不知其可，古往今来，多少古人先贤用自己的行动向我们昭示着诚信的魅力。春秋战国时期，早期的秦国在战国七雄中实力并不是最强的。秦孝公登基之后听从商鞅之策试图变法图强。无奈当时战事频仍，百姓流离失所，于诚信上根本不重视。为了取信于民，商鞅徙木立信。此举在百姓心中树立起言必信行必果的威信，由此商鞅接下来推进的各种变法措施很快就在秦国推广起来。秦国经过商鞅变法，终于成为战国七雄中实力最雄厚的国家，为最终吞并其他诸侯国打下坚实的基础，是秦国最终统一中国、建立中央封建集权制的最主要原因。

商鞅因为诚信变法成功，而周幽王却因为失去诚信而失去了天下。周幽王有一个非常宠爱的妃子名曰褒姒，褒姒貌美如花只是平日不喜欢笑。为博心爱之人一笑，周幽王下令将平常边关报警的烽火点起，烽火是外敌入侵时急招诸侯救援时才能使用的，看到诸侯国君被戏耍，褒姒开心大笑。五年以后，当周幽王真正点燃烽火向诸侯国求援时，谁都不愿意再上当，褒姒被俘，幽王自杀身亡。历史的经验教训反复告诉我们为人诚信到底有多重要。

时至今日，诚信依然是现代人尤其是大学生为人处世的根本。大学生是中华民族的希望和未来，诚信不仅对他们自身的人际交往和事业发展有直接影响，而且与整个社会的发展息息相关。大学生今后将遍布社会各个领域，他们的知识技能和道德素质不仅关系到当前社会的发展状况，更关系到我国社会主义现代化建设事业的兴衰成败。在国外资产阶级享乐思想的冲击下，部分学生奉行“金钱至上”“金钱万能”，在金钱、利益的巨大诱惑面前丧失诚信，丢掉了做人的底线与原则。

（4）《朱子书院教条》还对于人的处事原则予以明确规定，即“正其义不谋其利，明其道不计其功”，意思是说人生最主要的目的不是为了金钱利益以及高官厚禄，而是为了匡扶人间正义，实现人生价值。“正其义不谋其利，明其道不计其功”出自汉代董仲舒，董仲舒继承了传统儒家思想特别是孟子的“重义轻利”思想，认为对于人生而言，义永远重于利。“义利之辩”是中国哲学史上一个永恒的主题，几乎所有哲学家都基于自身的学派阐释自己对于义利的观点与看法。

义利问题一直以来都是中国人关注的核心问题，讨论的是人在利益与良心的两难问题上如何抉择。孔子明确了中国义利关系的主基调，孔子一生就是追求行为合于义的过程，一生做事，从不问是否有利，只关注是否合于义。孔子这样描述自己的一生：“吾十有五而志于学，三十而立，四十而不惑，五十而知天命，六十而耳顺，七十而从心所欲，不逾矩。”（《论语·为政》）由于儒学的地位，中国人向来主张义在利先、反对唯利是图。孔子认为，每个人都希望自己以及家人过上富贵安宁的生活，这本无可非议，人性使然。只是追求富贵的手段却有合理与不合理的区别，君子一定要用正当的手段，否则，宁可处于贫困，让自己内心获得安宁。“不义而富且贵，于我如浮云。”“君子喻于义，小人喻于利。”通过不正当的手段获得的富贵，如假公济私、卖友求荣，不仅不会给人带来幸福，迟早会大祸临头。在义利关系问题上，孟子与孔子的观点可谓一脉相承。他特别重视义，他认为唯有义才是人之正路，为了义，生命也可以舍弃。“生，我所欲也，义，亦我所欲也，二者不可得兼，舍生而取义者也。”杨泽波认为：“孟子义利之辨的主旨是强调人不能只满足于食色与事功，在追求正当得利的同时更应该偏重义，过一种异于动物的道德生活，只有这样，人与禽兽才有了本质的区别，生活才更有意义，生命才能充满人性的光辉。孟子的义利之辨在今天仍然具有非常重要的理论与现实意义。他告诉我们，如何过一种真正有意义的生活。”[①]同样为儒者的荀子，在义利问题上比较理性，他认为人没有不好利的，只是君子一定要做到以义胜利，绝不能以利克义。“凡人有所一同，饥而欲食，寒而欲暖，劳而欲息，好利而恶害，是人之所生而有也。”“义与利者，人之所两有也。虽尧舜，不能去民之欲利，然而能使其欲利，不克其好义也。虽桀纣，亦不能去民之好义，然而能使其好义不胜其欲利也。故义胜利者为治世，利克义者为乱世。上重义，则义克利；上重利，则利克义，故天子不言多少。”与儒者不同，墨家是以人民之利为行为取舍的最高标准，此利乃公利而绝非私利。《墨子》言利，一般指天下之、人民之利，如：“义者正也。何以知义之为正也？天下有义则治，无义则乱。我以此知义之为正也。”而道家在义利关系上与儒墨两家都不相同。义、利皆是道家所鄙视的，因为道家最崇尚自然，但义利皆有太多的人为因素，因此为道家摒弃[②]。

（5）《朱子书院教条》教育学生谨遵接物之要，即“己所不欲，勿施于人。行有不得，反求诸己”。人生在世，为人之道是人之为人的根本。为人之道，人人不同。朱子引用孔子的“己所不欲，勿施于人”，要求学生推己及人，自己都不想要的东西就不要再强加给别人。另外，朱子要求学生将“反求诸己”作为修身养性的原则，符合中国古代文化内敛自省的特点。内敛自省、谦逊和谐一直是中国儒家倡导的做人原则。

自秦汉以来，中国传统文化成长的地域土壤始终是围绕着农耕经济这一核心的，农业社会的特点是变化缓慢。加之几千年儒学思想近乎宗教般的教化功能，从孔夫子的仁、礼、“己所不欲，勿施于人”到朱熹所著《朱子家训》中的仁、义、

① 杨泽波：《孟子评传》，南京大学出版社，2011，第443页。

② 吴延芝、孙晓华：《中华传统文化教程》，山东大学出版社，2019，第112页。

礼、智、信，儒家的思想主张一脉相承，从不曾中断，一步步渗透到每个中国人的普通生活，从平民百姓到士大夫家，从观念、行为到习俗、信仰，乃至人们的政治思想、文化活动包括生活方式，都深受儒家思想的浸润，具有独特的中国气质。这种气质，温润如玉、不善张扬、保守内敛，但又和风细雨、潜移默化、润物无声。无论做人、做事包括审美，保守内敛一直是中国传统文化的主基调。只是，在保守内敛的同时，我们也必须认识到中国传统文化又是极具张力的。张力一词本是外来词汇，简单解释就是文字或者语言具有远远大过字面信息的影响力，至于文化张力，则指一种文化具有字面无法表达、只可意会不可言传的影响力。《易经》中的自强不息、厚德载物，孔子的“周虽旧邦，其命维新”，寥寥数字，却是中国人一生奉行的人生格言，将这种文化张力表现得淋漓尽致。保守内敛对中国人而言，已经成为一种历史和现实的存在。尽管经历阶级和时代的种种变迁，却始终保留着某种形式结构的稳定性，它直接或者间接地影响着中国人的行事风格与独特气质①。

综述，以朱熹为代表的宋明理学，是儒、道、释与传统文化在宋元明时期新的融合。张岱年先生在《中国文化概论》中曾经对宋明理学有过如下评论：“它以儒学为主干，融摄佛道的智慧，建立了以理气论、心性论为中心的道德形而上学体系。宋明理学把汉唐以来注五经的传统变为讲求‘四书’（《论语》《孟子》《大学》《中庸》）义理，讨论身心性命修养问题的传统，并以民间自由讲学之书院为托，把传统精英文化进一步世俗化了。作为一种文化现象，理学是整个东亚文明的体现。它不仅在元明清三朝成为中国的官方意识形态，而且在 14 世纪至 20 世纪对东亚各民族产生了广泛而深刻的影响。”②

---

① 吴延芝、孙晓华：《中华传统文化教程》，山东大学出版社，2019，第 116 页。

② 教育部高教司组编，张岱年、方克立主编《中国文化概论》，北京师范大学出版社，2004，第 250 页。

第五章　王阳明的教育思想及其当代价值

王守仁（1472—1529），明朝人，曾居于浙江会稽山阳明洞，故世人称为阳明先生。王阳明是心学的代言人，世人将其与陆九渊并称“陆王”，其哲学体系被称为“陆王心学”。在古代中国，“陆王心学”是与“程朱理学”相并列的思想体系，影响甚广。张载建立理学，朱熹是集大成者，而王阳明瓦解了理学体系，创立心学体系开启了中国心学大门。

李泽厚认为：“如果说张载的哲学中心范畴‘气’标志着由宇宙论转向伦理学的逻辑程序和理学起始，朱熹的中心范畴‘理’标志着这个理学体系的全面成熟与精巧构造，那么，王阳明的中心范畴‘心’则是潜藏着某种近代趋向的理学末端。”[①]中国文人所倡导的“立德、立言、立功”这“三不朽”境界在王阳明身上有了淋漓尽致的体现。王阳明集思想家、军事家、政治家、教育家身份于一身，成为中国文人的典范。在这诸多身份中，最让王阳明在意的还是他的师者身份，其所开创的心学体系对中国乃至东南亚诸国都产生了深刻影响，时至今日，阳明心学依然是儒学研究的中心，阳明心学的诞生成为中国封建社会思想文化成熟的标志。

阳明心学与其他儒家思想家最大的不同点在于将传统儒家为人设计的成圣之道进行简明化，即简化人的成圣之道。王阳明年轻的时候对于朱熹理学的格物致知理念深信不疑，为通晓格物之路，他曾对着竹子坐了七天七夜，希望自己能够

① 李泽厚：《中国古代思想史论》，生活·读书·新知三联书店，2017，第222页。

按照朱熹指明的道路格出竹子之理，结果却一无所获，自己还大病一场。他由此改变了对于程朱理学的态度，转而寻求另外一种更加实用的修身之道。王守仁通过对格竹子之理失败经验的总结，认为在朱熹的“格物致知”论中，认识对象是自然的事物，认识方法是外在的观察，认识目的是增进知识。针对朱熹的“格物致知”，王阳明提出自己的“致良知”学说。所谓“致良知”，认识的对象是自己的心灵，认识的方法是向内的自我体验，将自己的体验即心中的天理推广到外部事物之中。在今天看来，王阳明与朱熹的修行之路殊途同归，朱熹更强调利用外在事物的作用，而王阳明则更看重自己心灵的修行。朱熹修行遵循的是由外而内，王阳明反其道而行之，强调内心的作用。心学认为，每个人生而具有“圣人”属性，没有高低贵贱、聪明愚笨的区别，只是在成长的过程中由于外部环境的影响，人心逐渐被蒙上了一层污垢，一般人在世俗的沾染中逐渐随波逐流丧失本心，而圣人则可以做到坚持本心，初心永恒。

在这一点上，王阳明与古希腊三贤之一的苏格拉底具有高度的相似之处。受母亲“助产士”工作的影响，苏格拉底认为人的正确思想生而有之，只是由于种种原因被蒙蔽，自己很难发现。苏格拉底的任务就是引导人将自己的正确思想表达出来。王阳明与苏格拉底学说的相同之处就在于认为人生而平等，都有成圣成贤的可能与基础，只是由于环境变化而变得有所区别，修行的目的就是要寻回本心。

王阳明主张的向内修行之道完全符合中华民族的为人处世方法即向内自省。“自律，强调的是德行修养过程中的自我约束、自我成长，是一种向内的要求，相对于他律而言，自律能够更好地提升做人的层次，直达人的内心。中华传统文化非常强调自律在凸显道德作用和提升个人修养水平方面的重要性。自律是个体在践行道德规范的过程中体现出来的一种自觉性，这种自觉性是建立在自省的基础之上的。自省是一种思索、反省的过程，自律则是通过自省所达到的一种精神状态，并进而转化为外在行为，两者相辅相成、互相促进。”①

在王阳明看来，圣人与普通百姓并无二致，阳明心学认为即使是山野村夫，只要一心追求圣境，通过不断修行自身就可以达到。阳明心学的重要意义在于打破了成圣成贤只限于君子、读书人的桎梏，将圣人引下神坛，走向真正的人世。人世间的一切，吃饭、穿衣、睡觉皆为修行，圣贤之路不再遥不可及。这反映了明清之后文化关注的焦点发生了重大变化，以前高高在上、遥不可及的圣贤其实与普通百姓完全一样，即圣人“平民化”。这一概念的提出标志着中国千年圣人学问开始下沉，不再是神坛上高高在上、遥不可及的雕像。所以，阳明心学的伟大之处，正是使得圣人之学开始路径明朗、有路可寻，标志着一个“哲学化、系统化、大众化”的儒学新流派自此诞生。其实，不光是哲学领域，其他诸如戏曲、文学等在明代之后也出现了明显的关注焦点下沉的趋势。一大批世俗小说诞生，凡夫俗子的悲欢离合渐渐进入文人视野，成了描写的对象。不仅如此，社会对于金钱的态度也一改往日的清高——耻于谈钱，追求享受与追逐金钱不再是被人鄙视的俗事。在这种社会氛围之下，王阳明心学将修行之道、成圣之人转移到普罗大众身上，响应社会历史发展的潮流，具有历史必然性。

王阳明是中国读书人的典范，他的一生，“立德、立功、立言”三者兼而有之，每一样都几近完美，是真正的“三不朽”。有人说，中国传统文人真正达到“三不朽”的只有孔子与王阳明，而名垂青史、挽救清政府于危亡之际的曾国藩也仅仅算是半个“三不朽”。于“立德”而言，阳明先生在贵州龙场悟道之后，提出心学修行的“知行合一”，即理论要与实践相结合的原则。于“立功”而言，王阳明作为一介书生，曾经多次带兵平叛，以极小的人员损失换来疆土安宁。“立言”方面，

① 吴延芝、孙晓华：《中华传统文化教程》，山东大学出版社，2019，第45页。

阳明先生潜心心学研究，为儒学在明清时期的复兴作出卓越贡献，弥补了“程朱理学”的缺陷与不足。另外，王阳明还推动了古代书院建设，设馆讲学，先后创办了贵阳书院、龙岗书院、阳明书院。他一生广收学徒，致力于推广“人人皆可为圣贤”的修行之道。阳明心学后来传到日本、韩国等国家，对人类文明发展影响深远。

王阳明的一生，是修学悟道、开创心学的一生，是广收学徒、传播理论的一生，是平定叛乱、安抚百姓的一生。在这众多的角色中，阳明先生最为挚爱的还是书院讲学、谈经论道，他在去世前写给好友的书信中，还憧憬着能够在一起谈论学问、教书育人。作为教育家的王阳明，在中国古代教育上，以其“三不朽”终成一代教育名家，其教育思想对于今天的大学教育依然具有重要的参考价值与现实意义。

阳明先生的教育理念大致可以分为如下几点。

一、志向远大，从小认定读书是第一等事

1493 年，年仅 11 岁的王阳明在读书之时，非常认真地请教自己的先生，何谓人生第一大事。先生当时大吃一惊，不过先生还是按照当时的主流观点回答王阳明：读书就是为了做大官，因为学而优则仕历来是传统儒家的观点。然而王阳明却否认了老师的说法，他认为人生最重要的是好好读书，将来成圣成贤，足见在他的心目中，追求道德理想远远要比封官发财更有意义。先生惊异于王阳明小小年纪竟有如此宏伟的理想，认定此人绝非池中之物，将来必能安邦定国。由此可以看出志向对于人的成长、对于人生规划的重要意义。志向如同航船的方向，航行在茫茫大海上，唯有坚定地选择正确的方向，才能达到胜利的彼岸。

从古至今，许多圣贤之士都是在儿时就立下经天纬地的抱负。司马迁在《史

记》中曾经记载，“高祖常繇咸阳，纵观，观秦皇帝，喟然太息曰：‘嗟乎，大丈夫当如此也！’”[①]在刘邦看来，大丈夫就应当像始皇帝一样，开疆拓土，四海朝拜。经过残酷的楚汉战争，刘邦最终战胜项羽，成为大汉王朝的开国皇帝。

周恩来在沈阳东关模范学校读书之时，当老师问诸位同学读书的目的时，同学的回答几乎都是升官发财、光宗耀祖，唯有周恩来愿意“为中华之崛起而读书”。这句话激励了周恩来一生，志向远大而又脚踏实地，终于成为老师们预言中的安邦定国之人，他为中华民族走出苦难、走向发展奉献了一生，也终将被历史铭记。

“志不立，天下无可成之事。”王阳明在龙冈书院讲学期间写下《教条示龙场诸生》，第一件事就是教育学生要立志。无论从事什么职业，如果到了一定的年纪尚且一事无成，一定要反身自问，自己是否已经立志，立志之后是否一直沿着正确的道路在努力。在他看来，每个人都要有自己的理想，且理想要顺应时代潮流。王阳明的“立志说”是对古人关于志向理论的继承与发扬。孟子认为志向是人之为人的总领与根本，是人与动物相区别的根本原因。朱熹强调立志不定无法读书。由此可见，立志是教育的首要目标，它不仅决定了教育的宽度也决定了教育的广度。

爱因斯坦也曾有过这样的困惑。在他大学期间，常常找不到人生方向，感觉自己终将碌碌无为。他的老师明可夫斯基指点他说：“一味模仿前人，一定会被禁锢思想，更难免迷惑，所以人生在于创新。”正是有了这次谈话，爱因斯坦才走出了迷茫，也正是有了“立志”教育，爱因斯坦才成就了伟大的事业。

孔子有三千弟子，其中圣贤者有七十二人，在这七十二位贤士中，弟子颜回最为年轻且家庭贫困，最初拜师孔子之时，颜回急于求得能够安身立命的一技之长，孰料孔子并没有立即教授颜回想要的，而是反复教育颜回读书要“笃志”，也

① 司马迁：《史记》，上海古籍出版社，2016，第278页。

就是坚定自己的志向，并且一往无前地去实践。在孔子的精心教诲下，颜回逐渐懂得了儒家思想的真谛，清贫一生，致力于传播、推广儒家思想，成为孔子最喜爱的学生之一。对于颜回，孔子从来不吝惜他的赞美之词。子曰：“贤哉回也，一箪食，一瓢饮，在陋巷，人不堪其忧，回也不改其乐。贤哉回也。”颜回一生清贫乐道，没有出仕，思想与孔子的思想基本保持一致，后来早于孔子去世。得意弟子的英年早逝，使得孔子连连哀叹，“颜渊死，子曰：‘噫！天丧予！天丧予！’”

对于大学生而言，树立读书志向非常重要。一个杰出的青少年，应该是一个有着远大志向的人。因为一个人追求的目标越高，自身的潜能就越能得到充分的发挥，自身成长越快。人之伟大或渺小都决定于志向和理想。伟大的毅力只为伟大的目标而产生。美国著名畅销书作家斯宾塞·约翰逊认为，理想如果是笃诚而又持之以恒的话，必将极大地激发蕴藏在你的体内的巨大潜能，这将使你冲破一切艰难险阻，达成目标。

当代大学生立志读书，可以从以下几方面努力。

1. 坚定理想信念

大学生是祖国的未来与希望，是中华民族屹立于世界民族之林的决定力量。纵观当今世界，国与国之间的竞争，更多地表现为国与国之间科技实力的竞争。只有多读书，才能掌握更多的科学技术知识，成为祖国建设的有用之才。

2. 选择良书为伴

好的书籍如同好的老师，能够引领我们走进知识的海洋，解答遇到的疑惑。一本好书犹如灯塔照亮我们前进的道路。古往今来，无数先贤为我们留下了丰富的书籍，这些书籍都是人类的精神宝库，值得我们认真阅读。《论语》大概成书于战国前期，全书共 20 篇 492 章，以语录体为主，叙事体为辅，较为集中地体现了孔子及儒家学派的政治主张、伦理思想、道德观念及教育原则等，是儒家思想的经典著作。千百年来无数中华民族儿女都是读着《论语》进行启蒙。《论语》中的经典思想、经典语句至今仍然朗朗上口、妇孺皆知，如《论语》的开篇之句“学而时习之，不亦说乎？有朋自远方来，不亦乐乎？人不知而不愠，不亦君子乎？”按照钱穆先生的说法：“孔子一生为人，即在悦于学而乐于教。……此犹言：‘但问耕耘莫问收获’。抑且秋收冬藏之后，岂能不复有春耕夏耘。而且耕耘仗己力，而收获则不尽在己力。固亦有既尽耕耘之力，而复遇荒歉之来临者。孔子生前其道不行，又岂孔子之过。孔子五十而知天命，此即天命之所在矣。”①

《史记》是中国历史上第一部纪传体通史，记载了上至上古传说中的黄帝时代，下至汉武帝太初四年间共 3000 多年的历史，被视为二十四史之首。《史记》文字优美、叙事简洁，不仅是一部传世的历史书籍，更是一部优秀的文学著作，被赞誉为“史家之绝唱，无韵之离骚”。作为一部历史鸿篇巨著，司马迁不仅为后人还原了真实的历史，而且还留下许多发人深思的故事。

中华文明历史悠久，从先秦子学、两汉经学、魏晋玄学，到隋唐佛学、儒释道合流、宋明理学，经历了数个学术思想繁荣时期。在漫漫历史长河中，中华民族产生了儒、释、道、墨、名、法、阴阳、农、杂、兵等各家学说，涌现了老子、孔子、庄子、孟子、荀子、韩非子、董仲舒、王充、何晏、王弼、韩愈、周敦颐、程颢、程颐、朱熹、陆九渊、王守仁、李贽、黄宗羲、顾炎武、王夫之、康有为、梁启超、孙中山、鲁迅等一大批思想大家，留下了浩如烟海的文化遗产。中国古代大量鸿篇巨制中包含着丰富的哲学社会科学内容、治国理政智慧，为古人认识世界、改造世界提供了重要依据，也为中华文明提供了重要内容，为人类文明作出了重大贡献。

一部好的书籍，不仅能够还原真实的历史事件，更重要的是会带给我们很多

① 钱穆：《论语新解》，生活·读书·新知三联书店，2002，第 1 页。

思考与启示。以史为鉴，可以知兴亡。在大学期间，多读书、读好书，奠定良好的阅读基础与人文素养，从书本中汲取知识和力量，是当代大学生应该具备的行为习惯。

3. 设定一定目标

读书时切忌囫囵吞枣、漫无目的，而是要给自己设定一定的目标。对于工科学生而言，人文素质可能比较欠缺，可以多阅读人文社科类书籍，增长视野，开阔眼界。如果是人文社会科学专业的学生，可以适当阅读一些科技史及科普之类的书籍，丰富自己的知识容量。梁实秋认为人生到了一个境界，读书不是为了应付外界需求，不是为人，是为己，是为了充实自己，使自己成为一个明白事理的人，使自己的生活充实而有意义。

以下是教育部高等教育司指定的大学生必读书目（100 本）。

1.《语言问题》赵元任著

2.《语言与文化》罗长培著

3.《汉语语法分析问题》吕叔湘著

4.《修辞学发凡》陈望道著

5.《汉语方言概要》袁家骅等著

6.《马氏文通》马建忠著

7.《汉语音韵》王力著

8.《训诂简论》陆宗达著

9.《中国语言学史》王力著

10.《中国文字学》唐兰著

11.《中国历代语言学论文选注》吴文祺、张世禄主编

12.《普通语言学教程》（瑞士）索绪尔著，高名凯译，岑麒祥、叶蜚声校注

13.《语言论》高名凯著

14.《西方语言学名著选读》胡明扬主编

15.《应用语言学》刘涌泉、乔毅编著

16.《马克思恩格斯论文学与艺术》陆梅林辑注

17.《在延安文艺座谈会上的讲话》毛泽东著

18.《邓小平论文艺》中共中央宣传部文艺局编

19.《中国历代文论选》郭绍虞主编

20.《文心雕龙选译》刘勰著，周振甫译注

21.《诗学》亚里士多德著，罗念生译

22.《西方文艺理论史精读文献》章安祺编

23.《20 世纪西方美学名著选》蒋孔阳主编

24.《西方美学史》朱光潜著

25.《文学理论》（美）韦勒克、沃伦著，刘象愚等译

26.《比较文学与文学理论》（美）韦斯坦因著，刘象愚译

27.《诗经选》余冠英选注

28.《楚辞选》马茂元选注

29.《论语译注》杨伯峻译注

30.《孟子译注》杨伯峻译注

31.《庄子今注今译》陈鼓应译注

32.《乐府诗选》余冠英选

33.《史记选》王伯祥选

34.《陶渊明集》逯钦立校注

35.《李白诗选》复旦大学中文系古典文学教研组选注

36.《杜甫诗选》萧涤非选注

37.《李商隐选集》周振甫选注

38.《唐宋八家文选》牛宝彤选

39.《唐人小说》汪辟疆校录

40.《唐诗选》中国社会科学院文学所编

41.《唐宋词选》中国社会科学院文学所编

42.《宋诗选注》钱钟书选注

43.《苏轼选集》王水照选注

44.《元人杂剧选》顾肇仓选注

45.《辛弃疾词选》朱德才选注

46.《西厢记》王实甫著，王季思校注

47.《三国演义》罗贯中著

48.《水浒传》施耐庵著

49.《西游记》吴承恩著

50.《今古奇观》抱瓮老人辑

51.《牡丹亭》汤显祖著

52.《聊斋志异选》张友鹤选注

53.《儒林外史》吴敬梓著

54.《红楼梦》曹雪芹著，俞平伯校，启功注

55.《长生殿》洪昇著

56.《桃花扇》孔尚任著

57.《老残游记》刘鹗著

58.《鲁迅小说集》鲁迅著

59.《野草》鲁迅著

60.《女神》郭沫若著

61.《郁达夫小说集》郁达夫著

62.《新月诗选》陈梦家编

63.《子夜》茅盾著

64.《家》巴金著

65.《沈从文小说选集》沈从文著

66.《骆驼祥子》老舍著

67.《曹禺选集》曹禺著

68.《艾青诗选》艾青著

69.《围城》钱钟书著

70.《赵树理选集》赵树理著

71.《现代派诗选》蓝棣之编选

72.《创业史》（第一部）柳青著

73.《茶馆》老舍著

74.《王蒙代表作》张学正编

75.《白鹿原》陈忠实著

76.《余光中诗选》刘登翰等编

77.《台湾小说选》,《台湾小说选》编辑委员会选编

78.《中国当代文学作品选》王庆生主编

79.《希腊的神话和传说》（德）斯威布著，楚图南译

80.《俄狄浦斯王》（古希腊）索福克勒斯著，罗念生译

81.《神曲》（意）但丁著，王维克译

82.《哈姆莱特》(《莎士比亚悲剧四》)卞之琳译

83.《伪君子》(法)莫里哀著，赵少侯译

84.《浮士德》(德)歌德著，董问樵译

85.《悲惨世界》(法)雨果著，李丹、方于译

86.《红与黑》(法)司汤达著，郝运译

87.《高老头》(法)巴尔扎克著，傅雷译

88.《双城记》(英)狄更斯著，石永礼、赵文娟译

89.《德伯家的苔丝》(英)哈代著，张谷若译

90.《卡拉马佐夫兄弟》(俄)陀思妥耶夫斯基著，耿济之译

91.《安娜·卡列尼娜》(俄)托尔斯泰著，周扬、谢索台译

92.《母亲》(俄)高尔基著，夏衍译

93.《百年孤独》(哥伦比亚)加西亚·马尔克斯著，黄锦炎等译

94.《喧哗与骚动》(美)福克纳著，李文俊译

95.《等待戈多》(法)萨缪埃尔·贝克特著

96.《沙恭达罗》(印)迦梨陀娑著，季羡林译

97.《泰戈尔诗选》(印)泰戈尔著，冰心等译

98.《雪国》(日)川端康成著，高慧勤译

99.《一千零一夜》纳训译

100.《外国文学作品选》(两卷本)郑克鲁编

可以看出，书目涵盖范围非常广泛，既包括古代中国古典名著如《三国演义》、唐诗宋词，也包括马克思主义经典著作，还有相当数量的国外名著如《泰戈尔诗选》《悲惨世界》，具有很强的经典性和学术性。

书山有路，经典为伴。通过认真阅读，可以让学生逐渐爱上经典、学习经典，

也有助于部分学生从电子产品、网络游戏中解放出来。为了鼓励读书，教师可以通过开展读书兴趣小组、每周交流读书心得、撰写读书笔记以及奖励读书行为等，将读经典的活动在学生中深入开展，打造“书香班级”“书香校园”。当学生们都形成热爱阅读经典的习惯时，我们能够超越时空，以自己的独特生活感受与体验与圣贤进行心灵交流，并在交流中汲取知识、提高能力、升华精神、形成个性。

4. 理论联系实际

经典的力量在于它的永恒。所谓经典，就是在人类历史发展中大浪淘沙后最终留下的精华，经典已经超越了当时作者所在的时代局限，转而变成对于全人类都具有指导意义的力量。经典著作，宛如一名积极勇敢的青年，永远站在时代的前列，引领人类的行为；又像一位饱经沧桑的智者，对我们诉说着过往的经验与坎坷；宛如在我们面前打开的一扇窗户，光照进历史，映衬现实。阅读经典，会让我们充满力量，在古人睿智的目光中积蓄力量、继续前行；会让我们拨开时代的迷雾，将目光锁定在当下，在滚滚洪流中更好地安身立命，寻找到自我存在的价值。

辛弃疾生活在中国的南宋时期，22 岁开始抗击金军入侵，为抗金大业披肝沥胆，曾经给朝廷上书《美芹十论》。奈何始终不得重用，一腔报国情怀只能寄托于诗词之中。读辛弃疾的诗词，一股浓浓的爱国情怀扑面而来。

菩萨蛮·书江西造口壁

郁孤台下清江水，中间多少行人泪？西北望长安，可怜无数山。

青山遮不住，毕竟东流去。江晚正愁余，山深闻鹧鸪。

辛弃疾此首《菩萨蛮》用极高明之比兴艺术，写极深沉之爱国情思，无愧为词中瑰宝。大学生读这样的经典著作，可以增强爱国主义情怀，立志投身到祖国建设中去。爱国主义是一个人对于祖国最深沉、最持久的爱恋，也是促使一个人成长进步最重要的动力源泉，中国人自古就有非常浓厚的家国情怀。“由于自然经济以及血缘宗族关系难以撼动的历史地位，中华民族几千年的传统文化长久生活在家国同构的社会关系中，父是家君，君是国父，家国一体，同质同构，社会组织主要是在父子、君臣、夫妇、长幼之间的宗法原则指导下建立起来。家国同构就是家庭、家族与国家具有同等或者类似的组织结构，家庭是最小单位，家是小国，推崇父亲的地位，家族则是宗族内家庭累积，族长往往具有决定权，而国家则是家族模式的延伸，君主如父。君父同伦是宗法社会的显著特征。中国社会的家天下模式是从大禹把他部落联盟首领的位置传给他的儿子启开始的。在此之前，权力流转的方式是禅让，自大禹开始，家国同构观念一直是中国社会权利分配的准则。父亲、族长、君王分别是家庭、家族、国家的家长，具有不可挑战的权威，这种模式长达 4000 多年之久。”①

每一个中国人对中华文化和这片土地深刻的眷恋和认同，是家国情怀的核心。中国人说“家国天下”，其中家是血缘宗法家族，国是王朝所象征的政治共同体，天下则是中华文明共同体。换言之，中华文明在何处，家国天下就在哪里。在漫长的历史进程中，中华文明与大一统国家交织互动，文明为国家提供向心力和凝聚力，国家为文明赓续、文化繁盛提供支撑和荫庇。因此，无论世事如何变迁、朝代如何更迭，对原乡故土的朴素情感始终流淌在炎黄子孙的血脉之中，对多元一体的国家认同始终召唤着华夏儿女团结奋斗。

二、反对盲从，强调主观能动性

明清之后，人们关注的焦点逐渐出现“下沉”趋势，对于经典儒家的思想也从原来的言听计从变为有分寸的逐步怀疑。对于孔孟的儒家思想，王阳明一方面

① 吴延芝、孙晓华：《中华传统文化教程》，山东大学出版社，2019，第 45 页。

传承经典，另一方面他反对把儒家思想看作一成不变的规矩教条，主张充分发挥人的主观能动性。在今天看来，王阳明的思想已经具备了思想启蒙的先兆，他呼吁冲破固有思想的禁锢，崇尚思想与个性的解放。

众所周知，崇尚个性、追求自由是晋代资本主义思想启蒙的标志，在西方，启蒙运动发端于地中海沿岸的一些城市，诸如米兰、佛罗伦萨等。为了减少新思想刚面世带来的冲击与压力，资本主义启蒙思想是打着复兴古典思想的名义出现的，史称“文艺复兴运动”。在中国明朝以后，随着生产力的发展，资本主义生产关系也逐渐开始萌芽，在一些经济比较发达的地方诸如江南的丝织厂里，开始出现类似于雇佣与被雇佣的关系，这其实就是早期中国资本主义生产关系萌芽。资本主义生产关系最初萌芽于生产领域，但随着这种新型生产关系的成长壮大，资本主义开始蔓延到思想、政治、哲学等诸多领域。正是在此情况下，王阳明提出了个性解放、反对盲从的思想。

对于学习而言，王阳明比起前代儒者，更强调主观能动性的作用。“夫君子之论学，要在得之于心，众皆以为是，苟求之心而未会焉，未敢以为是也；众皆以为非，苟求之心而有契焉，未敢以为非也。心也者，吾所得于天之理也，无间于天人，无分于古今。苟尽吾心以求焉，则不中不远矣。学也者，求以尽吾心也。”在这段话中，我们可以看出，王阳明主张读书的真正目的是得之于心，学习的真正目的也是求以尽吾心。

王阳明的读书论，摆脱了外在的桎梏，更强调个人内心的感受，更强调独立思考与敢于怀疑的精神。独立思考、敢于怀疑，是读书的精髓，也是做学问的精髓。唯有独立思考、敢于怀疑，人类才能够舍弃过去的不合时宜的思想观点，才能在新的时代不断进步。亚里士多德是西方哲学史上的思想家、教育家、博物学家，一生涉猎范围广泛，涵盖了伦理学、修辞学、逻辑学以及医学等诸多领域。

在亚里士多德看来，每个人在真理面前都是平等的，“吾爱吾师，吾更爱真理”。好奇、怀疑的态度是人类进步的阶梯。我爱老师，但是老师如果有错误，我会大胆地指出来，这和爱老师没有关系。正是这种勇敢的怀疑态度，使得亚里士多德一生颇多建树。在他之后，又有一位年轻的科学家承袭独立思考的能力，向亚里士多德本人发起了挑战，这就是伽利略。自由落体运动的研究最初始自亚里士多德，在他看来物体下落的快慢是由物体本身的重量决定的，物体越重，下落得越快；反之，则下落得越慢。由于亚里士多德的地位，这个理论影响了其后两千多年，从没有人敢于怀疑，直到伽利略的出现。1589 年的一天，这个勇敢的年仅 25 岁的年轻人登上了比萨斜塔，将两个分别重达 100 磅和一个重 1 磅的铁球同时抛下，两个铁球几乎是同时落地，伽利略用实验反驳了权威的观点。时至今日，“比萨斜塔实验”在人类思想史上代表着敢于怀疑、敢于挑战权威。

年轻人从伽利略身上最应该学习的也是这种精神，唯有敢于怀疑，才能真正推陈出新，促进人类社会不断进步。敢于怀疑就是“对常规思维的突破，就是破除迷信，超越过时的陈规，善于因时制宜、知难而进的能力。”[①]柏拉图出身于贵族，遇到苏格拉底之后彻底改变了他的一生。柏拉图曾说：“我感谢神明，我生活在苏格拉底时期。”苏格拉底的死，让柏拉图更加痛恨雅典的民主制度，转而寻求一种更为积极合理的政治制度。在《理想国》中，柏拉图描绘了他对于未来美好社会制度的构想。在跟随苏格拉底学习期间，有一次上课时，苏格拉底手里拿了一个苹果，问学生有没有闻到空气中苹果的味道，几乎所有的学生都在跟着老师的引导回答自己对于苹果香味的感触，只有柏拉图非常肯定地说自己什么味道都没有闻到。苏格拉底最终揭示了答案，他手里那只苹果是假的，根本不可能有苹果的味道，苏格拉底以此案例鼓励学生要大胆怀疑，即使

① 《马克思主义基本原理概论》，高等教育出版社，2018，第 53 页。

对方是自己的老师。

对于读书，王阳明一方面鼓励学生大胆怀疑，另一方面倡导在读书的过程中充分发挥人的主观能动性。在四川平原，至今有一个水利工程依然被使用，这就是都江堰。都江堰的修建最初是为了航运与军事需要，后来逐渐用作灌溉水利工程，为四川平原变为千里沃野奠定了水利基础。李冰父子在修建工程的过程中，充分发挥人的主观能动性，利用水流的运动规律，成功解决了水利工程泥沙排放问题，至今都江堰依然是世界水利工程史上无法超越的经典之作。

三、强调“知行合一”，特别注重实践对于学习的重要性

“知行合一”是阳明心学的主要观点之一。所谓“知行合一”，就是强调认识与实践的辩证统一性，“知”的目的即学习的目的是更好地行（即实践），而“行”又在很大程度上检验了知的正确与否。“知行合一”是中国古代哲学中认识论和实践论的命题，主要是关于道德修养、道德实践方面的。中国古代哲学家认为，不仅要认识（“知”），尤其应当实践（“行”），只有把“知”和“行”统一起来，才能称得上“善”。致良知，知行合一，是阳明文化的核心。“钱德洪、王畿所撰《阳明年谱》，说他三十八岁始以知行合一教学者，五十岁始揭致良知之教。其实良知二字阳明早年亦已屡屡提及，不过五十岁始专以此为教耳。”①

不能简单地从认识与实践的角度来理解“知行合一”，在王阳明那里，“知”是道德层面的“知”，“行”是道德层面的“行”。因此，知行关系在心学的角度而言，最主要的是道德意识与道德实践的关系。中国哲学独有的早熟特质决定了中国哲学独有的道德气质。牟宗三先生认为：“中国的哲人多不着意于理智的思辨，更无对观念或概念下定义的兴趣。希腊哲学是重知解的，中国哲学则是重实践的。

---

① 梁启超等：《王阳明》，新世界出版社，2016，第 198 页。

实践的方式最初主要是在政治上表现善的理想，例如尧、舜、禹、汤、文、武诸哲人，都不是纯粹的哲人，而是兼备圣王与哲人的双重身份，这些人都是政治领袖。所以政治的成功，取决于主题对外界人、事、天三方面关系的合理与调和，而要达到合理与调和，必须从自己的内省修德做起，即先要培养德性的主体，中国的圣人，必由德性的实践，以达政治理想的实践。”①在牟先生看来，道德实践性是中国哲学的特质。中国人“从道德实践的态度出发，是以自己的生命本身为对象，绝不是如希腊哲人之以自己神明之外的自然作为研究对象，因此能对生命完全正视，而这里的生命，更多意义上是道德实践中的生命。中国哲学之重道德性是根源于忧患的意识，中国人的忧患意识特别强烈，有此种忧患意识可以产生道德意识。”②

关于中国哲学的独特道德气质，冯友兰先生也曾经有过类似的论述，他认为：“由于哲学的主题是内圣外王之道，所以学哲学不单是要获得这种知识，而且是要养成这种人格。哲学不单是要知道它，而且是要体验它。它不单是一种智力游戏，而是比这严肃得多的东西。对于他，哲学从来就不只是为人类认识摆设的观念模式，而是内在于他的行动的箴言体系；在极端的情况下，他的哲学简直可以说是他的传记。”③

中国传统的做人原则与西方迥然不同。其中，“伦理道德是中国传统文化的核心，也是中国文化对人类文明最突出的贡献之一。伦理道德学说在各种文化形态中处于中心地位。中国哲学是伦理型的，哲学体系的核心是伦理道德学说，宇宙的本体是伦理道德的形而上的实体，哲学的理性是道德化的实践理性。因此人们

① 牟宗三著、罗义俊编《中国哲学的特质》，上海古籍出版社，2007，第 11 页。
② 牟宗三著、罗义俊编《中国哲学的特质》，上海古籍出版社，2007，第 12 页。
③ 冯友兰：《中国哲学简史》，新世界出版社，2004，第 10 页。

才说，西方哲学家具有哲人风度，而中国哲学家则具有贤人的风度。”[①]“早在孔子之前，鲁国大夫叔孙豹就提出过立德、立功、立言的三不朽思想，所谓太上有立德，其次有立功，其次有立言，虽久不废，此谓三不朽。由此形成一种以道德为首要取向的具有坚定节操的文化性格，为追求仁道，虽箪饭陋巷，不改其乐，这是一种道德至上的价值取向与文化追求。”[②]

王阳明的“知行合一”，认识到人的道德实践活动是主观见之于客观的活动，在他看来，知是行的主意，行是知的功夫。知是行之始，行是知之成。“就道德论而言，王守仁在讲知与行的统一即道德意识与道德行为的统一时，突出了三个方面的内容。首先，反对着空，强调道德实践的重要性。他认为，尽天下之学，无有不行而可以言学者。则学之始，固已即是行也。他认为，离开了服劳奉养躬行孝道，就无所谓孝。离开了道德实践，不论学问思辨有多渊博，也不是真知，算不得真正有了道德知识。”[③]

由于王阳明宣扬道德领域的知行合一，强调亲身实践对于提高道德修养的作用，因此，他的修行理论简便易学、妇孺皆可亲身实践，比起以往高高在上的道德行为要求，更易于在实践中操作、践行，因而传播范围极其广泛。南宋程朱理学兴起之后，在元代以后逐渐成为显学，按照程朱理学的理论，事功与道义是对立的，如吃饭穿衣、薄书狱讼等事功统统归于人欲，按照程朱理学的“存天理灭人欲”，就会造成道德说教与事功践履相脱节的现象。王阳明弥补了程朱理学在这一方面的欠缺，“强调了修养与践履的统一，突出了践履的地位，不仅主张以道德实践来衡量道德修养，而且还要求通过事上磨炼来增强道德修养”[④]。

---

① 张岱年、方克立主编《中国传统文化概论》，北京师范大学出版社，2004，第 210 页。
② 张岱年、方克立主编《中国传统文化概论》，北京师范大学出版社，2004，第 211 页。
③ 沈善洪、王凤贤：《中国伦理思想史》，人民出版社，2005，第 538 页。
④ 沈善洪、王凤贤：《中国伦理思想史》，人民出版社，2005，第 545 页。

所谓“事上磨炼”就是强调道德实践的作用。中国古人的道德实践活动有很多，以下简单介绍三点。

（一）于细微处着手道德实践

道德实践的原则是从生活细微处入手，三国时期刘备教育自己的儿子刘禅，“勿以恶小而为之，勿以善小而不为”。做善事要从小事做起，坏的事情即使再小也是不能做的。道德实践活动，只有面向最广大的群众才有真正的意义，对于普通人而言，顶天立地的伟业可能没有多少，我们每天经历的几乎都是细碎小事。这些小事中最能体现做人的原则。世界上的万事万物都会有量的积累过程。按照唯物辩证法的观点，事物的发展变化首先始于量的变化，量变经过积累突破度，事物就会发生质变，而质变又会引起新的量变。即使再微小的事物经过积累也会成就一番伟业。从细微处入手进行道德实践，王阳明的事上磨炼就变得易于操作、平易近人。

（二）以谦谦君子作为道德实践的楷模

君子风范一直是中国人做人的极致追求，于细微处进行道德实践，最终的目的是成为谦谦君子。“君子”一语，最初意思是指君王之子，意即地位高贵之人，后来“君子”一词被赋予了道德意义，“君子”有了德性，历代文人墨客皆以“君子之道”作为为人处世的根本追求。《论语》中关于“君子”的论述就有 107 处之多。君子，作为儒家理想中具有高尚人格的人，也是千百年来中国人崇尚与追求的一种美好榜样。“君子，作为中华优秀传统文化的核心概念，是中国人着力塑造和推崇的人格范式。君子是中国人修身养性的极致追求，同时也是中华优秀传统文化的核心词汇，品德高尚、谦虚有礼的人一直被人们称为谦谦君子。君子作为中国人历来推崇的人格范式，具有三个明显特点：君子定当以天下兴亡、匹夫有责为己任，胸怀天下，具有普通民众所没有的责任意识与家国情怀，己立立人、己达达人的人文关怀。人生活在社会里，必然要与形形色色的人交往，必然要处理各种各样复杂的人际关系。君子的毕生追求，就是既成就了自己，同时也成就了他人；君子在修身原则上讲究自律自省，自我约束。孔子讲吾日三省吾身，自省是君子达到厚德载物、明德至善的必经途径。”[①]

（三）以明明德为道德实践的路径

“明明德”出自中国古代儒家思想的经典著作《大学》中的“大学之道，在明明德，在亲民，在止于至善”。王阳明认为所谓大学就是大人之学，或者是学做大人之学。“大人”在这里可以理解为完美的人。无论是明明德、亲民、止于至善都可以归结到一点即“明明德”。“明明德”就是将人内心深处的善良光明都弘扬出来。“明明德是心的本性，一切人，无论善恶，从基本上，都同有此心。人的自私也不能完全把本性泯灭，往往在人对外界事物的本能反应中表现出来。人突然发现一个幼儿即将落入井中的本能反应便足以说明这一点。人对事物的第一个反应表明，人内心里，知道什么是对的，什么是错的，这种非意识是人的本性的表现。”[②]

对于大学生而言，今天的“明明德”更多意义上指的是树立与社会主义发展阶段相适应的核心价值观，在实践核心价值观的过程中实现自身的价值。

社会主义核心价值观共有24个字，分别从国家、社会、个人三个层面规定了公民应该具有的基本道德准则。其中“爱国、敬业、诚信、友善”是新时代对于公民个人行为规范的道德要求。

1. 爱国是一种节操

爱国主义是血脉里与生俱来的对于祖国母亲的热爱与眷恋。无论何时，无论

---

① 吴延芝、孙晓华：《中华传统文化教程》，山东大学出版社，2019，第56页。

② 冯友兰：《中国哲学简史》，新世界出版社，2004，第321页。

身在何地，这种情怀从未曾改变过。有国才有家，国家富强家庭才能安康，国家是每一个炎黄子孙内心永远的归属，国家强大也是每一个中华儿女永恒的梦想。古往今来，多少爱国者被后人铭记，“怒发冲冠”的岳飞、“先天下之忧而忧”的范仲淹、“廉颇老矣尚能饭否”的辛弃疾、“苟利国家生死以”的林则徐，都是中华民族永远的骄傲。而卖国求荣者也会被永远钉在历史的耻辱柱上，等待人民与人心的裁判。杭州西湖边的岳飞墓有一副对联，写尽了人们对于爱国者与叛国者的爱恨情仇——“青山有幸埋忠骨，白铁无辜铸佞臣”。民心所向，历来如此。

当代大学生对于祖国饱含深情，但涉世未深，容易受到一些不良思想的影响，尤其是现在网络发达，一些未经审验的不健康的甚至是与爱国主义背道而驰的思想会在网络上泛滥，他们妄图丑化中华民族的历史，丑化中华民族的英雄，继而用历史虚无主义侵袭年轻人。当代大学生要继承和发扬中华民族传承已久的爱国主义优良作风，在祖国需要的时候甘于奉献、勇于牺牲，做到富贵不淫、贫贱不移、威武不屈。

2. 敬业是一种责任

敬业精神是人们基于对一件事情、一种职业的热爱而产生的全身心投入精神，是社会对人们工作态度的一种道德要求。它的核心是无私奉献。世间工作种类千千万万。每一个行业都有每一个行业的职责与规定，所谓“三百六十行，行行出状元”，不管从事何种工作，首先必须热爱自己的工作，兢兢业业、勤勤恳恳，在每一个工作岗位上都要做到干一行爱一行，爱一行精一行，精一行方能成一行。所谓“业精于勤而荒于嬉”，认真工作的人距离成功越来越近，而散漫懒惰者距梦想渐行渐远。

纵观人类几千年的历史，我们会发现，但凡事业上成功的人，都具备两个共同的特点，首先是对国家与民族的责任感与使命感，另外就是异于常人的坚持与勤奋。在今天，我们可以将这两点理解为敬业精神。“天将降大任于斯人也，必先苦其心智，劳其筋骨，饿其体肤，空乏其身，行拂乱其所为，所以动心忍性，增益其所不能。”在孟子看来，唯有敬业与坚持，才是人生成功最关键的两个因素。今天的大学生都是未来社会主义国家的建设者，从事的工作种类千差万别，要想有所成就，敬业是必不可少的基本素质。

3. 诚信是一种美德

孔子对于诚信非常看重，子曰：“人而无信，不知其可也。大车无輗，小车无軏，其何以行之哉？”（《论语·为政》）意思是一个人如果连最起码的诚信都没有，也就失去了做人最基本的底线与标准，这样的人，不知道他以后要如何做人，就像牛车、马车没有木销子就无法再继续前行是一样的道理。中华民族是一个非常讲究诚信的民族，对于子孙后代的教育中，“诚信”一直贯穿其中。

作为中华民族的传统美德，“诚信”是一个人立足社会的根本，也是人之为人最基本的素质。内诚于心，外诚于人，言必信，行必果。大学生在立身处世、待人接物和生活实践中必须且应当具有真诚无欺、实事求是的态度和信守然诺的行为品质，其基本要求是说老实话、办老实事、做老实人。

4. 友善是一种品格

“友善源自人们对于善价值的追求。古希腊哲学家亚里士多德把友爱分为善的友爱、有用的友爱和快乐的友爱三种，认为善的友爱才是稳定、持久，值得人们追求的。在这一意义上，友善意味着人们对于他人的自我道德投射，即发现他人与自我的道德相似性。对他人的友善本质上是对于他所具备的优秀品质的推崇。就此而言，友善的发生基于人们对于美德的追求。在我国的传统文化中，友善也表现出了与亚里士多德相似的内涵。孔子提出仁者爱人，孟子则强调与人为善，其内涵都在于以善为原则帮助成就他人。因此，友善不是建立人际关系的技巧，而是人与人之间为了实现善价值的相互促进和帮助。作为公民道德规范的友善，本质上是指友好善良的公民伦理关系和公民秩序。”[①]对于大学生而言，“友善”更应该是一种道德自律。

“把友善当成一种个体自律。对于公民个人而言，培育友善价值观，就要实现对于友善价值观的内化，使之成道德自觉。首先，公民要加强对于友善价值观的道德认知，明晰友善观是成为一名合格公民的重要基础，充分认识这一观念对于开展社会生活的意义和作用。其次，要在与他人的交往中培育友善的道德意识，在社会生活中学会宽容、忍让和友爱，在坚持道德原则的前提下理解他人，理性地处理人际关系。特别要自觉遵守社会规章、制度，在规范自我行为的同时磨砺道德意志，把他律转化为自律。再次，在社会生活中要做到权利和责任、义务的平衡、对等，在维护和促进自我利益的同时，也要努力完成作为公民所应该承担的职责，爱岗敬业、诚信待人。”[②]

四、重视儿童启蒙教育

对于儿童教育，世界各国都非常重视。犹太人认为整个世界存在的最大价值与意义就在于教育儿童顺利成长。为了培养优秀的孩子，犹太人家庭非常重视早期教育。一方面他们会利用与孩子共处的时间为孩子讲故事，丰富孩子的想象力；另一方面，犹太人鼓励孩子敢于怀疑、勇于创新，形成对世界的探求和渴望。

中国人历来重视对于儿童的教育。三国时期的诸葛亮为教育儿子成才，亲笔写就著名的《诫子书》，字里行间都凝聚着一位父亲对于儿子深沉持久的爱。“夫

① 李建华：《友善：必须着力倡导的价值观》，《光明日报》2013 年 7 月 6 日。
② 李建华：《友善：必须着力倡导的价值观》，《光明日报》2013 年 7 月 6 日。

君子之行，静以修身，俭以养德。非淡泊无以明志，非宁静无以致远。”在这封书信中，诸葛亮教育儿子做人一定要谨遵“静以修身，俭以养德”的原则，从小就要树立远大的理想，对于功名利禄一定要看淡，人一旦对自己放纵懒散就很难振作精神，一旦急躁性急就无法陶冶情操。人生在世，年华飞逝如流水，如果故步自封、不接触世事，就无法施展自己的才华，一生也终会碌碌无为、一事无成，到那时，即使再悔恨又有什么用处呢？

承袭了儒家思想一贯的重视教育的理念，王阳明对于教育的地位作用也有很高的评价，尤其是对于儿童的启蒙教育，王阳明更是提出富有建设性的意见与建议，其中三点对于今天的教育事业发展依然具有参考意义。

1. 改革教育形式

明朝时期，朝廷对于幼儿的启蒙教育非常重视，在国家力量的推动之下，全国各地都针对儿童教育设立“社学”，“社学”以启蒙教育为主，只是明朝的启蒙教育有其缺陷，就是太过于注重对于学生的道德教育，教授内容、形式都过于偏重于成人化，将成人才能读懂的东西机械地移植给孩子，并没有顾及儿童的学习能力与学习特点，内容枯燥难懂，儿童易陷入读死书的境地，因此各地“社学”的教育效果并不显著。

针对当时这样的教育现状，王阳明提出改革教育形式，用儿童喜闻乐见的形式进行启蒙教育。在王阳明看来，儿童大抵都是喜欢游戏玩乐而害怕被拘禁约束，尤其是害怕被按在椅子上读着自己不懂的圣贤书，这很容易让他们产生厌学情绪。与其如此，倒不如利用孩子们爱玩的天性，对其进行针对性的教育。比如，可以用唱歌咏诗的形式来诱导他们，不只是培养他们的意志，也是为了使他们想要呼喊蹦跳的情绪发泄在唱歌咏诗中，将郁结压抑的感情抒发于抑扬顿挫的音节中。再如，儿童识字数量较少，对于文字的理解能力也有限，将文字语言转换成绘画语言是个不错的主意。有历史记载，王阳明把启蒙课本以及传授道德的简单故事以插画的形式进行表现，这在当时可是一个了不起的操作。将高高在上、晦涩难懂的圣贤书籍转换成唱歌、咏诗、绘画等儿童喜欢的形式，大大提高了孩子们的参与度，学习热情、学习效果自然得到明显的提升。王阳明的教育方法在今天看来依然有非常强的时代意义。

今天的大学生，生活在科技飞速发展的时期，某些方面掌握的信息甚至比教师更多。因此，传统的教师讲课、学生听课的教学方式已经难以引起学生的兴趣与注意力，无论教师如何努力，教学效果都有些不尽如人意。我们在教学过程中完全可以引用王阳明的教育理念，用学生感兴趣的形式传授知识，因为兴趣才是最好的老师。例如，要对学生进行爱国主义教育，我们完全可以利用学校当地的纪念场馆、英雄人物等素材，在课时允许的情况下带领学生进行实地参观、实地教学，用活生生的实例打动学生，让爱国主义真正走进学生的内心，进而达到比较好的教育效果。再如，在讲到中华优秀传统文化，我们可以利用当地的博物馆，让学生走进博物馆，通过一件件文物，真实感受博大精深的中华历史文化，听志愿者的讲解，了解文物背后的历史故事，在亲身参与的过程中完成教学大纲安排的任务，进而达到对学生的世界观、人生观、价值观进行教育与引导的作用。

2. 改革教育内容

王阳明坚持认为，教育儿童，应该以孝、悌、忠、信、礼、义、廉、耻为要务，道德修养是儿童教育工作的中心，在他看来“明人伦”是道德教育的目的。中国古代的启蒙教育，教的主要内容就是人伦纲常而非西方惯有的知识。当今的小学教育兴起了只注重记诵词章而不注重培养礼仪德行的风气，这完全背离先王的教育本义。以“记诵词章”为务，是儿童启蒙教育的一种错误倾向和不正之风。

王阳明坚守儒家教育传统，提出“今教童子，惟当以孝、弟、忠、信、礼、义、廉、耻为专务”。

中国古代对于学生的教育，尤重于德，讲究“德化”“以德为先”。“德治”思想源于孔子，“道之以政，齐之以刑，民免而无耻；道之以德，齐之以礼，有耻且格”（《论语·为政》）。孔子主张以道德教化作为治理国家、管理民众最基本的手段，将道德置于法律之上，使道德成为维系社会稳定、实施有效统治的主要工具。

“重视德治的思想，是中华传统文化异于其他民族文化最显著的表征，对于维持社会稳定起了重要作用，也为中国赢得了礼仪之邦的美誉。张岱年认为，随着社会的演进和发展，儒学德治思想中的道德传统逐渐发展形成中华传统文化的道德精神，并渗透于各个文化领域，凝聚着中华民族的性格，积淀着中华民族的心理，塑造着中华民族的灵魂，在中华民族的长期发展中起着稳定秩序、促进民族凝聚的作用。作为中华民族的主要价值取向和道德要求，经过长达两千年的时间洗礼，儒家德治思想已渗透到中华民族的血液中，铸就了中华民族的特有品质，在中华民族的是非标准、价值观念、思维方式、心理结构及文化教育等方面留下深深的烙印，许多已经转化为习焉不察的认知标准和生活习惯。因此，儒家德治思想仍然在政治和日常生活中以独特的方式发挥着作用。中国因此历来以礼仪之邦称于世，而且颇得各国的认同。”①

大学生是国家未来建设最宝贵的人才资源，对于大学生的教育也应当秉持德育为先的基本原则。因为培养什么人、如何培养人、为谁培养人是我国社会主义教育事业发展中必须解决好的根本问题。德育决定了我们教育的方向，是大学生正确的世界观、人生观、价值观形成的关键因素。作为新时代的教育工作者，一

① 教育部高教司组编，张岱年、方克立主编《中国文化概论》，北京师范大学出版社，2004，第324页。

方面我们要坚持把党的路线方针政策作为对大学生进行德育教育的指南针，另一方面，注意用中华优秀传统文化对大学生进行品德教育，同时，也要加强道德实践活动的参与和锻炼，让学生在实际生活中体会、践行社会主义核心价值观。

3. 改革教育目的

对于教育的目的，王阳明主张不要死读书、读死书，读书的真正目的并不是为了机械地掌握某些书本上的内容，而是要达到理论与实践的统一。读书的目的，是为了在实践中践行圣贤理论，掌握理论知识与道德践行在王阳明那里是统一的。对于读书，有些人的态度是“不闻窗外事”，读书变成了死读书，这样读书也就失去了它本来的意义。当代年轻人读书，更应该将知识理论与日常实践结合起来，理论联系实际，方能获得读书的真谛。“阳明自从彻悟《大学》致知格物之说，到此便下一句直截痛快的话，去教人实践，就是知行合一四个字，他常对学者说：‘知者行之始，行者知之成，圣学只一个功夫，知行不可分作两事。’”①

“知行合一”对于当今的大学教育依然具有极强的参考意义。辩证唯物主义的认识论主张，认识世界最终的目的就是改造世界。“认识世界，就是通过实践获得关于事物的本质和发展规律的科学知识，探索和掌握真理。改造世界，就是人类按照有利于自己生存和发展的需要，改变事物的现存形式，创造自己的理想世界与生活方式。”②同时，认识世界与改造世界是辩证统一的，二者既相互依存又彼此独立。“认识世界与改造世界是一个充满矛盾的过程。世界不会自动地满足人，人也不会满足于世界的现存形式。人类主体总是受着目的性与能动性的驱使，要求外部世界满足自身的需要。然而客观世界是按照固有规律运行的，不可能自动满足主体的愿望与要求，因而主观和客观就经常处于矛盾过程当中。主观和客观

① 梁启超等：《王阳明》，新世界出版社，2016，第25页。
② 《马克思主义基本原理概论》，高等教育出版社，2015，第91页。

的矛盾是人类认识和实践活动的基本矛盾，是人类认识世界和改造世界的根本动力。正是由于这种矛盾的存在，才使人类充满真、善、美与假、恶、丑的斗争，充满生机与活力。我们只有自觉以马克思主义为指导，在参加变革现实的社会实践活动中，正确地解决主观与客观的矛盾，才能科学的认识世界与改造世界，建设一个人与自然、人与社会以及人与人协调统一的和谐世界，为人类营造一个美好的家园。”①

公元1528年，王阳明病逝于江西南安府大庚县青龙港。临终之际，弟子问他有何遗言，他说：“此心光明，亦复何言！”这应该是中国文人中最让人敬佩的遗言之一。作为临终遗言，伤感之余，应该是一个人一生的总结，或是壮志未酬，或是满腔感慨，可谓悲欣交集。项羽慨叹壮志未酬的“力拔山兮气盖世、时不利兮骓不逝”、陆游的“王师北定中原日，家祭无忘告乃翁”、文天祥的“人生自古谁无死，留取丹心照汗青”以及戊戌六君子之谭嗣同的“有心杀贼，无力回天。死得其所，快哉快哉”等，今天读来，仍然令人唏嘘不已，感慨万千。

作为中国古代最完美的文人、“三不朽”的代表、心学发展的代表人物，王阳明认为自己一生光明磊落，根本不需要其他任何语言去表达。读到王阳明的“此心光明，亦复何言”，不禁令人想起孔子临终前的 “天何言哉”。“子曰：予欲无言。子贡曰：子如不言，则小子何述焉？子曰：天何言哉？四时行焉，百物生焉，天何言哉？”（《论语·阳货》）此句字面意思为尽管上天不言不语，却明白万物自然生长之理。引申到教育方法上，孔子认为对于学生而言，潜移默化的教育胜过千言万语的说教，即身教胜于言教。

王阳明的一生，历经进士及第的辉煌、忤旨下狱的低谷、平定叛乱的惊险以及开创“知行合一”，终成中国历史上“三不朽”的典范。梁启超认为：“他是一

① 《马克思主义基本原理概论》，高等教育出版社，2015，第91页。

位大英雄，平生指挥作战百余次，从未有过败绩，他是一位大政治家，对上敢于劝谏皇帝，对下善于安抚百姓。他是一位大思想家，在百死千难的逆境中，阐发了知行合一之旨，在刀光剑影的战场上，发明致良知之教。他的学说，至今仍为我国哲学的擎天一柱，开启了日本明治维新之业，启迪了无数中国仁人志士，康有为、梁启超、严复、孙中山、宋教仁、蔡元培等，都从中受益匪浅。”①

① 梁启超等：《王阳明》，新世界出版社，2016，第1页。

第六章　曾国藩的教育思想及其当代价值

“曾国藩（1811—1872），中国近代著名政治家、思想家，与李鸿章、左宗棠、张之洞一起被世人尊为晚清四大名臣。曾国藩一生以立德、立功、立言成就其在中国思想史上的卓越地位，被誉为中国传统社会最后一个完人。他一手创建湘军并剿杀太平天国运动；与李鸿章、张之洞等人倡导洋务运动，主张学习西方；严于律己，极重修身，坚守封建士大夫最后的底线，其所著《曾国藩家书》至今仍被奉为做人圭臬，囊括修身、劝学、治家、理财、交友、为政以及用人诸多方面，是曾国藩一生做人智慧的结晶。梁启超不仅称赞曾国藩为三不朽的典范，而且把国家振兴的希望都寄托在他身上，认为如果曾国藩犹壮年，可力挽狂澜拯救危亡的晚清政府。毛泽东对这位湖南老乡也是倍加赞赏极为钦佩：愚于近人，独服曾文正。”[①]

一部《曾国藩家书》，写尽了曾国藩这位晚清重臣关于治国安民的心愿，写尽了他对于家族振兴、子孙安宁的希望，同时也写尽了他对于教育理念的思考认知。曾国藩的教育理念，已经远远超越了他所在的时代，对其子孙家人产生重大影响。其子曾纪泽为清代著名外交家，同时也是中国近代史上第二位驻外公使，1881 年主持《中俄改订条约》的谈判工作，为大清王朝收回伊犁特克斯河流域土地及部分利权，被认为是羸弱的晚清政府在面对帝国主义列强时一次较为成功的外交行动，与郭嵩焘并称“郭曾”。次子曾纪鸿不热衷于仕途，喜欢天文、地理、数学等学科，在相关领域颇有建树。曾国藩的教育理念对后世学校教育尤其是大学教育

① 吴延芝、孙晓华：《中华传统文化教程》，山东大学出版社，2019，第 96 页。

依然具有参考价值。曾国藩的教育理念可以概括为以下几点。

一、教育内容以勤、孝、俭、仁、恒、谦为主

曾国藩出身于湖南娄底一家极为普通的耕读之家，数十年寒窗苦读，备受辛苦，从社会底层到位极人臣，在满族人占据统治地位的清王朝成为清朝后期中兴的四大名臣之一，封一等勇毅侯，可谓身份显赫，曾国藩因此也更为谨慎小心。在成长过程中，他看到很多达官贵人放纵自己、饱食终日、挥霍浪费，躺在祖辈创造的业绩上无所事事，最终家业荡然无存，曾国藩为此忧虑不安。因此他极为重视对子女的教育，近乎苛刻，子女中多有成才者，且代代皆有治国安邦的英才出现，这在很大程度上得益于曾国藩对于子女的严格教育。曾国藩对于子女的教育内容以勤、孝、俭、仁、恒、谦为主要内容。

1. 勤

因为自小从农村长大，曾国藩视“勤”是人生第一要义，他认为人生一定要勤于治家、勤于治学。

“勤”在曾国藩写给弟弟们的书信中几乎无处不在。“诸弟在家读书，不审每日如何用功。余自丨月初 立志自新以来，虽懒惰如故，而每日楷书写日记，每日读史十页，每日记茶余偶谈一则，此三事者，未尝一日间断。十月二十一日立誓永戒吃水烟，洎今已两月不吃烟，已习惯成自然矣。予自立课程甚多，惟记茶余偶谈，读史十页，写日记楷本，此三事者，誓终身不间断也。诸弟每日自立课程，必须有日日不断之功，虽行船走路，俱须带在身边。予除此三事外，他课程不必能有成，而此三事者，将终身行之。”[①]

曾国藩对于家中弟弟的读书非常关注和牵挂，在这封信中，他一再督促他们

---

① 檀作文译注《曾国藩家书》，中华书局，2016，第58页。

认真读书，并且以自己的实际行动与弟弟们分享。在谈到自己的读书经验时，他自认为虽然自己有些懒惰，但是有三件事自己会一直坚持，那就是记茶余偶谈、读史十页以及每天都写日记楷本。

好习惯是慢慢养成的，读书的好习惯也是如此。对于大学生而言，正值人生最美的年华，安静的大学校园里是最适合读书的地方。在知识更新日新月异的今天，知识老化的程度非常快，这就需要大学生不断学习，更新知识储备，了解本专业最前沿的科学技术知识。另外，大学生读书不要仅限于各自的专业领域，在学好专业的同时，读的书还应包括哲学精品著作、文学名著、史学专著、关注社会现实的作品、领导人的著作等。大学阶段的学习不同于中小学的老师教、学生照搬学习的模式，而是逐渐变成了自主学习。在这种模式下，学生摆脱了教师与家长的过多束缚，刚刚进入大学校园的学生会感觉无比轻松，但轻松之余却缺少对于未来的长远规划，很容易随波逐流，最后一事无成。因此，对于大学生而言，必须养成读书的好习惯，因为阅读经典会让人明白事理，与古代先贤对话，进行精神层面的交流，在古人刻苦攻读的精神鼓励中不断成长进步。

曾国藩对于儿子的学业也是时时敦促，在写给儿子曾纪泽的信中，他详细规定了书目、步骤、方法等。“纪泽看《汉书》，须以勤敏行之。每日至少亦须看二十页。不必惑于在精不在多之说。今日半页，明日数页，又明日耽搁间断，或数年而不能毕一部。如果今天看半页，明天看几页，再过几日又因为一些事而耽搁间断，几年也看不完一本书。如煮饭然，歇火则冷，小火则不熟，须用大柴大火乃易成也。就像煮饭一样，一旦不加热饭就会变冷，用小火烧饭就会煮不熟，必须用大柴大火去烧才能很容易煮熟饭。须速点速读，不必一一求熟。恐因求熟之一字，而终身未能读完经书。吾乡子弟未读完经书者甚多，此后当力戒之。诸外甥如未读完经书，当速补之。所以读书必须加快速度去读，而不必一一求熟。没有读完的经书，必须尽快补上，以后也要尽可能去避免。”[①]在曾国藩看来，读书必须每日坚持，且阅读一本书的时间不宜过长，如果一年都看不完一本书，那样根本达不到读书的效果。要想好好读书，必须一气呵成，即使书中有自己暂时不明白的地方，也不必一一求熟。因为一旦停下，这本书有可能一辈子也读不完。通过读书这件事，曾国藩教育家中读书之人，读书一定要认真专注，力求把一本书通读下来，唯有如此，才能真正了解书籍作者写作的本意，从而从阅读中汲取更多的营养。在曾国藩的不断督促之下，曾家打破了富贵不长久的禁锢，历代都是人才辈出，成为中国历史上少有的长盛不衰的家族。

曾国藩教育后辈读书的经验，值得大学生学习、分享。年轻人喜欢新鲜事物，也容易接受新鲜事物，很容易受外界环境的影响，这样往往会导致一本书读不完又开始读另外一本书。尤其是现在各大高校的图书馆馆藏十分丰富，供学生阅读的书籍可谓琳琅满目。在曾国藩看来，我们选择了一本书，就要通读到底，否则很难明白作者写作的真正意图。

2. 孝

孝者，善事父母者也。中国古人重视“孝”的发扬与传承。“孝”的观念在中国可谓源远流长。最早的“孝”的观念来自西周时期。到了孔子生活的年代，诸侯争霸，奴隶宗法制度开始土崩瓦解，社会动荡不安，人们的精神无处安放，孔子基于维护社会秩序的需要提出“孝”，目的是利用孝的观念来稳定家庭，树立家长父母的权威，维护父母在家庭中的地位，由此推及社会，起到稳定社会秩序的作用。《论语》的前半部分中，孔子屡次提“孝”。他强调“孝”要建立在“敬”的基础上。孔子认为孝敬父母要真心实意，如单纯在物质上满足父母，尚不足以为孝，更重要的是要“敬”，使父母得到人格的尊重和精神的慰藉。

---

① 檀作文译注《曾国藩家书》，中华书局，2016，第216页。

子游问孝，子曰：“今之孝者，是谓能养。至于犬马，皆能有养；不敬，何以别乎？”孟武伯问孝，子曰：“父母唯其疾忧。”从这里可以看出，“敬”是孝道的精神本质，脱离了敬的孝，在孔子看来是毫无意义的。另外，孔子在《论语》中多次将“孝”与“悌”相结合，如“其为人也孝悌，而好犯上者，鲜矣。不好犯上而好作乱者，未之有也，孝悌也者，其为仁之本与”。孔子巧妙地借用对于父母的“孝”延伸至兄弟之间的“悌”，从而达到把“孝”推广到更广阔的空间，“悌”则是“孝”的另一种形式，由此，将“孝”作为人们处理社会关系的核心原则。

在孔子的诸多弟子中，曾子可以说是儒家孝理论的集大成者。孔子之后，曾子从广度与深度两个层面延伸了儒家“孝”的理念。在孔子那里，“孝”主要表现为父母与子女之间的一种感情，曾子则把这种伦理意识进行发扬光大，“孝”成为一种抽象的、具有普遍意义的准则，使其成为道德的总和，天经地义的原则。“孝”完全统摄了一切社会准则，是一切高尚品行的内在依据，是实现一切善行的力量源泉和根本。不仅如此，曾子还将“孝”与“忠君”思想联系起来，要求臣民像孝敬父母那样对待君王。很明显，曾子将“孝”推广到国家治理的层面，“孝”超越了时间与空间，成为人世间的永恒法则，主导其他一切社会规则。

秦汉之际，儒家专门论述“孝”思想的《孝经》成书，随后成为儒家最为推崇的经典著作之一，《孝经》思想的主题或最大特点是“孝”的泛化、政治化，甚至神秘化，认为“孝”是解决世间一切问题最根本的原则与基础。中国封建社会统治者为维护本朝统治，几乎都是宣扬“以孝治天下”，“孝”的思想也逐渐开始深入中国人的精神世界。

曾国藩深受中国传统文化的影响，对于父母、祖父母至孝。《曾国藩家书》中凡是提及祖父之处，言必称星冈公，星冈公是曾国藩的祖父，字玉屏，中年改名星冈。祖父病重时，出仕在外的曾国藩内心挂念不已，在写给家人的信中谈及祖父的病："祖父大人之病，日渐增加，远人闻之，实深忧惧！前六月念日所付之鹿茸片，不知何日可到，亦未知可有微功否？"[①]满满的"孝"呼之欲出，一片拳拳之情令人动容。

另外，在和其他兄弟谈及治家、修身原则之时，曾国藩也是屡次提及祖父的教诲，并且要求其他弟兄也要严格遵循。"余与沅弟论治家之道，一切以星冈公为法，大约有八字诀，前四字，即上年所称'书蔬鱼猪'也；又四字则曰'早扫考宝'。早者，起早也；扫者，扫屋也；考者，祖先祭祀，敬奉显考、王考、曾祖考，言考而妣可该也；宝者，亲族乡里，时进周旋，贺喜丧，问疾济急。星冈公尝曰：'人待人，无价之宝也。'星冈公生平于此数端，最为认真，故余戏为八字诀曰'书蔬鱼猪，早扫考宝'也。此言虽涉谐谑，而拟即写屏上，以祝贤弟夫妇寿辰，使后世子孙知吾兄弟家教，亦知吾兄弟风趣也。弟以为然否？"[②]其中，"书蔬鱼猪，早扫考宝"八字规则在曾国藩不同时间的家中书反复出现，这也从侧面说明曾国藩的至孝，对于祖父的教诲时刻放在心中。

3. 俭

曾国藩出身平民，后虽经过个人努力升迁封侯，依然不忘贫寒出身，一直以"俭"为生活中的主要原则，而且在家书中也一再教导曾家子弟一定要勤俭持家。在家书中，我们可以看到，曾国藩在北京任官期间，经常托人从家里带一些生活日用品。在道光二十五年三月初五写给弟弟的信中就有"芸皋所带小菜、布匹、茶叶俱已收到"[③]，虽只有寥寥数语，却足见曾国藩平日里的勤俭持家。同年的十

① 檀作文译注《曾国藩家书》，中华书局，2016，第186页。

② 檀作文译注《曾国藩家书》，中华书局，2016，第120页。

③ 檀作文译注《曾国藩家书》，中华书局，2016，第172页。

二月二十日，曾国藩在与父母书中提到，“同乡黄茀卿兄到京，收到茶叶一篓，重廿斤，可供二年之食。”①

“将来万一做官，或督抚，或学政，从前施情于我这，或数百，或数千，皆钓饵也。渠若到任上来，不应则失之刻薄，应之则施一报十，尚不满其欲。”②从家书中我们可以看出，尽管曾国藩用自己的薪水勉强维持整个大家庭的运转，但是他对于不义之财依然非常排斥。如果拿了人家的不义钱财，就意味着将来要通过自己的公权力回报给送礼之人更多的利益，即使是以一换十，依然无法满足送礼之人的贪念。可以看出，曾国藩对于自己手中的权力始终保持着足够的清醒认知。手中有权力的时候，别人送你财产，无外乎就是想利用手中的权力为自己谋得更大的回馈，古往今来，历来如此。

清朝中后期，朝廷腐败无能，大量贪官污吏利用手中的权力搜刮钱财中饱私囊。曾国藩看到这些现象之后，既生气又无奈。以他一己之身已经无法挽救病入膏肓的清政府，但是自己还是可以保持清廉的。他在家书中这样写道：“盖凡带勇之人，皆不免稍肥私囊。余不能禁人之苟取，但求吾身不苟取。以此风示僚属，即以此仰达圣主。”③意思是我没有办法禁止别人去贪腐，可是我至少能管得住自己。在这其中，可以看出中国传统的“慎独”思想。所谓“慎独”就是在个人独处无人监督之时依然能够谨守做人的本分与原则。“慎独一直被中国人奉为圭臬的修身原则，不求于外，专注内心感悟，也带有保守内敛的色彩。所谓慎独，就是在独处无人监督的时候，依然能够遵循内心的行为准则，谨慎行事，自觉遵守各种行为道德规范。很明显，这种修身方式是向内的，它指向的重点是人的内心与

① 檀作文译注《曾国藩家书》，中华书局，2016，第111页。

② 檀作文译注《曾国藩家书》，中华书局，2016，第180页。

③ 檀作文译注《曾国藩家书》，中华书局，2016，第221页。

自我的柔性约束，而非各种外在的刚性准则。中国人做人的第一标准即是德而非法令。晚晴重臣曾国藩更是把低调做人、高调做事演绎得酣畅之至。他秉承是非了然于心而一毫不露的理念，堪称低调做人的典范，不过曾国藩在做事上却是勇者无惧。当他意识到中国与西洋在军事技术上的差距时，立即筹建兵工厂，认真学习国外的长处。试想在晚清时期，万马齐喑、人人自危，他这样的行为可谓困难重重、危机四伏，但他依然心怀天下苍生，放眼国家未来，颇有虽千万人吾往矣的胆识和气魄。”①

曾国藩于家国社稷多有功劳，在带兵打仗的过程中，曾国藩的身边也有一些自家兄弟跟随，比如弟弟曾国荃。作为曾国藩的九弟、湘军的主要将领之一，曾国荃跟随哥哥破敌有功，但是在曾国藩的心目中，九弟有些“不俭”、手笔大廓。“沅弟有功于国，有功于家千好万好，但规模太大，手笔大廓，将来难乎为继，吾与弟当随时斟酌，设法裁减。此时竟希公祠宇，业将告竣，成事不说。其星冈公祠及温甫事恒两弟之祠，皆可不修，且待过十年之后再看，至嘱至嘱！余往年撰联赠弟，有俭以养廉，直而能忍二语。弟之直，人人知之，其能忍，则为阿兄所独知。弟之廉，人人料之，其不俭，则阿兄所不及料也。以后望弟于俭字加番工夫，用一番苦心，不特家常用度宜俭，即修造平费，周济人情，亦有一俭字意思。总之爱惜物力，不失寒士之家风而已，吾弟以为然否？”②在信中，曾国藩一方面肯定了弟弟的勇敢、直爽，但是对于弟弟的不检行为也提出严厉批评，批评他不爱惜物力有失寒士之家风。另外他告诫弟弟，如果一意孤行，势必会将来难以为继。字字句句都体现着曾国藩对于弟弟成长的呵护，以及对于弟弟铺张浪费行为的不满。这证明即使身居高位、整个家族都荫庇荣光，曾国藩依然能够保

① 吴延芝、孙晓华：《中华传统文化教程》，山东大学出版社，2019，第 135 页。

② 檀作文译注《曾国藩家书》，中华书局，2016，第 316 页。

持清醒的头脑，这对于今人具有重要的指导意义。

今天的大学生自小生活在安稳、和平、幸福的环境中，远离战争、饥馑与灾荒，对于物质匮乏毫无概念，再加上其中绝大多数都是独生子女，对于“勤俭”并无多少认知，有相当一部分学生存在着贪图安逸、片面追求感官享受、缺乏吃苦耐劳精神等现象。尤其是进入大学校园之后，经济上有了一定程度的自主权，消费渠道与消费理念也日新月异。校园里不同程度存在着攀比之风。

针对这种现象，作为教育工作者，一方面要宣传、弘扬中华民族传统的勤俭节约意识，教师可以有针对性地选择相关案例进行教学，还可以带领学生实地参观各种展览场馆，让学生通过实物了解到今天幸福生活的来之不易；另一方面，通过相关课堂、课后校园活动设计比如节约水电、节约粮食等活动，引导学生树立正确的消费观。再者，也可以通过社会上营造的“光盘行动”强化大学生的节约意识。“教育引导大学生深刻认识树立节俭意识和坚持艰苦奋斗精神的科学内涵与重要意义。勤俭节约、艰苦奋斗，是中华民族的重要文化传统和民族精神，也是我们党不断取得事业胜利的重要法宝。经过千百年的发展，勤俭节约、艰苦奋斗已经成为一种精神、一种品格、一种作风、一种象征。随着时代和实践的发展，它还在不断地被赋予新的内涵。在改革开放和发展社会主义市场经济的条件下，节俭意识和艰苦奋斗精神的具体内涵与过去相比有所不同，但尊重劳动、物尽其用、自强不息、顽强拼搏仍然是其要义，是我们必须始终坚持和弘扬的。对于大学生而言，树立节俭意识和坚持艰苦奋斗精神，主要是养成艰苦朴素、勤俭节约的生活作风，树立奋发向上、自强不息的人生态度，弘扬埋头苦干、知难而进的进取精神；等等。这不仅是培养良好个人品质的需要，而且是加强精神文明建设、弘扬社会主义荣辱观的要求；不仅是我国基本国情所决定的，而且是实现中华民族伟大复兴的长期性和艰巨性所决定的。”①

4. 仁

“仁”是传统儒家最核心的思想，是儒家学说社会伦理规范的起点，孔子对“仁”多有论述。在《论语》中，孔子提及“仁”的次数高达 109 次。孔子明确提出“仁者、爱人”，意思是人与人之间要互亲互爱。“所谓爱人，即以深厚真挚的情感对待别人。试想一下，如果社会上的每一个人都能以深厚真挚的情感对待他人，则人与人之间的对抗、冲突便将不复存在，人类社会必将成为和谐幸福的乐园。因此，孔子儒家把仁者爱人作为自己理论的核心和基础，既决定了其积极入世的品格，又奠定了其在人类文化中独特而重要的地位。仁的思想是孔子诸多学说中最具有代表性的学说，也是孔子审时度势所提出的符合人性特点的治国理政标准。一方面，从自身角度而言，仁要求人们要注重自身修养，潜心向内；另一方面，仁又具有利他性，要求人们遵从行为规范，正确处理人与人之间的关系，即仁者爱人。”②

“仁”作为儒家思想社会行为规范的核心，其他的礼、义、廉、耻、孝、悌、忠、信等无不围绕仁展开，“三纲五常”是儒家倡导的基本社会伦理准则，而“仁”是五常之首的地位。孟子继承并发扬了孔子的“仁”，并且将“仁”由简单的处理人际关系的准则上升为治理国家的标准，强调为政者应该宽待百姓，不以苛捐杂政剥削，“以民为本”。儒家“仁政”的思想在今天依然具有强烈的时代意义。仁政的精神可以概括为：执政为民，重视民生，共同富裕，崇尚道德，“讲仁爱，重民本”，确立高尚的道德境界和执政为民的理念。

受传统儒家思想的影响，曾国藩具有浓厚的民本思想。他同情弱者，关注贫

① 何立新：《对大学生进行节俭意识教育十分必要》，《人民日报》2007 年 4 月 23 日。

② 吴延芝、孙晓华：《中华传统文化教程》，山东大学出版社，2019，第 90 页。

困线上挣扎的普通民众。在写给家人的信中，他详细分析了曾家之所以兴盛发达的原因，对于寄回家中的金银进行详细分配。除了维持家用，其余都分给族中那些年老家贫者，自家日子尚能支撑，这些家贫者如果不救济可能生活就会难以为继。当然，钱财如何分配，曾国藩一如既往地要请示祖父，再次彰显了他的孝。“孙所以汲汲馈赠者，盖有二故，一则我家气运太盛，不可不格外小心，以为持盈保泰之道，旧债尽清，则好处太全，恐盈极生亏，留债不清，则好中不足，亦处乐之法也，二则各亲戚家绵贫，而年老者，今不略为资助，则他日不知何如？孙自入都后，如彭满舅曾祖彭五姑母，欧阳岳祖母，江通十舅，已死数人矣，再过数年，则意中所欲馈赠之人，正不知何若矣，家中之债，今虽不还，后尚可还，赠人之举，今若不为，后必悔之！此二者，孙之愚见如此。”[①]

另外，对于宗族姻党，曾国藩也教育家人要怀有仁爱之心。不管是否曾经有隙，都一律要敬之爱之，万万不可仰仗曾家的官宦门庭欺压百姓。他认为，古往今来的圣贤之人，都是与邻里保持良好关系的人，从来没有见过与乡邻交恶的贤人。“至于宗族姻党，无论他与我家有隙无隙，在弟辈只宜一概爱之敬之。此刻未埋家事，若使多生嫌怨，将来当家立业，岂不个个都是仇人？古来无与宗族乡党为仇之圣贤，弟不可专责他人也。”[②]对于家人的亲戚，曾国藩也是身怀仁爱之心，尽自己所能予以照顾。“六弟、九弟之岳家，皆寡妇孤儿，槁饿无策，我家不遂之，则熟拯之者？我家少八两，未必遽为债户逼取，渠得八两，则举室回春，贤弟试设身处地，而知其如救水火也。”[③]宁肯自己家少吃一点、少得一点，对于有些人家就如同救水火一般。可见，曾国藩从小生活在普通人家，对于民间疾苦、百姓

---

① 檀作文译注《曾国藩家书》，中华书局，2016，第 114 页。
② 檀作文译注《曾国藩家书》，中华书局，2016，第 160 页。
③ 檀作文译注《曾国藩家书》，中华书局，2016，第 124 页。

生计非常了解。

曾国藩的“仁爱”之心并非仅限于亲戚朋友的“小爱”，而是推己及人的“大爱”。不仅表现在对于自家亲戚、朋友的生计上，对于普通民众的生活疾苦也是倍加关注。“乡间之谷，贵至三千五百，此亘古未有者，小民何以聊生？吾自入官以来，即思为曾氏置一义田，以赡救孟学公以下贫民。为本境置义田，以赡救二十四都贫民，不料世道日苦，予之处境未裕，无论为京为官者，自治不暇，即使外放，或为学政，或为督抚，而如今年三江两湖之大水灾，几于鸿嗷半天下。为大官者，更何忍于廉俸之外，多取半文乎？是义田之耗，恐终不能偿，然予之定计，苟仕宦所人，每年除供奉堂上甘旨外，或稍有赢余，吾断不肯买一亩田，积一文钱，必皆留为义田之用，此我之定计，望诸弟体谅之。”[①]从这段家信中我们可以看出，曾国藩感慨于物价飞涨、民生多艰。谷子已经贵到从来没有的价位了，这让百姓如何生活呢？更何况三江两湖地区，经历了大洪灾，劫后余生，日子更加难过。在这样的环境中，为官者怎么忍心再去搜刮民脂民膏呢？廉俸之外，曾国藩断不肯多取半文。自己的薪俸，除了供养高堂、养育儿女之外，都要留下去买义田，以赡救贫民。除此之外，再不会为自己多买一亩田、积一文钱，“民本思想”溢于言表。

历史总在前进。曾国藩时代的仁爱之心对于今天生活在大学校园的学生依然具有教育意义。大学生是祖国的未来，承担着建设国家的重任，对于国家、对于民族、对于人民一定要怀有仁爱之心。古往今来，中华民族有多少“仁人志士”在此原则的指引下奋不顾身地为国家、为民族事业而奋斗终生。大学生也应该学习先贤的仁爱精神，将报国热情投入到认真学习中去，将来为国家的繁荣昌盛奉献毕生才华。

---

① 檀作文译注《曾国藩家书》，中华书局，2016，第 188 页。

5. 恒

德国诗人席勒说："只有恒心才能使你达到目的。"曾国藩在家书中论述了读书要有恒心。"盖士人读书，第一要有志，第二要有识，第三要有恒。有志则断不敢为下流；有识则知学问无尽，不敢以一得自足，如河伯之观海，如井蛙之窥天，皆无识者也；有恒则断无不成之事。此三者缺一不可。诸弟此时惟有识不可以骤几，至于有志、有恒，则诸弟勉之而已。予身体甚弱，不能苦思，苦思则头晕，不耐久坐，久坐则倦乏。时时属望，惟诸弟而已。"[①]对于读书，曾国藩认为志向、见识、恒心缺一不可。在写给九弟的家书中，曾国藩再次强调了读书贵有恒的道理。"凡人作一事，便须全副精神注在此一事，首尾不懈。不可见异思迁，做这样，想那样，坐这山，望那山。人而无恒，终身一无所成。"[②]这种"读书贵有恒"的思想对于大学生具有很强的教育意义。

大学时期正是读书最好的年华。走进大学校园的学生，一个个怀揣着对未来的美好期许，肩负着家长亲友的殷殷寄托。但是认真读书、做好学问却是个苦差事，需要有恒心与毅力。王国维在《人间词话》中借用古人诗句将做学问分为三重境界："古今之成大事业、大学问者，必经过三种之境界：昨夜西风凋碧树，独上高楼，望尽天涯路，此第一境界也；衣带渐宽终不悔，为伊消得人憔悴，此第二境界也；众里寻他千百度，蓦然回首，那人却在灯火阑珊处，此第三境界也。"[③]

读书贵有恒，读书是一条艰辛而漫长的道路，绝对不是一朝一夕就能够完成的事情，这需要持之以恒、循序渐进，耐得住寂寞，禁得起外界繁华的诱惑。

① 檀作文译注《曾国藩家书》，中华书局，2016，第 62 页。
② 檀作文译注《曾国藩家书》，中华书局，2016，第 229 页。
③ 王国维：《人间词话》，长江文艺出版社，2017，第 40 页。

书籍是人类永恒的朋友，一方面读书可以教人学问、增长见识、提升阅历，另一方面读书可以帮助我们知古鉴今，启迪心灵。一代代读书人在书香中增长才干，潜移默化为高贵的灵魂，拥有济世救民的家国情怀。人类的成长、文明的延续都离不开书籍的指引。年轻人喜欢新鲜事物，信息社会也使得年轻人的知识来源更加丰富多彩，手机、电脑成了大学生获取知识的主要渠道，纸质版本书籍的阅读量呈现逐年下降的趋势。据一份调查报告显示，65%的学生除了上课必须的纸质版本教材之外，课后几乎没有阅读纸质书籍的习惯，只有不到10%的同学一天阅读时间超过3小时。读书没有恒心、浅尝辄止是大学生读书最大的障碍。

汉朝一代大儒董仲舒，曾经为了撰写《春秋繁露》专心致志、持之以恒，竟然“三年不窥园”。欧阳修是中国历史上著名的政治家、文学家、诗人，唐宋八大家之一，自小就是勤奋读书的典范，“昼夜忘寝食，惟读书是务”。欧阳修曾用“三上”之说，系统地阐明了他的读书经验：利用生活中“马上、枕上、厕上”，见缝插针地读书。正是孜孜不倦的苦读，最终造就了卓尔不凡的欧阳修。

大学期间，闲散、零碎时间有很多，我们完全可以将其充分利用，勤奋读书。滴水石穿，终有一日会学有所成。为了鼓励年轻人树立读书的恒心，我们需要以唯物辩证法的基本原理对学生进行引导。唯物辩证法认为，任何事情的发展变化都有一个从量的积累到质的变化的过程，读书亦当如此。各行各业取得成就的人，都是经历了长时间的量的积累。老子在《道德经》中的“合抱之木生于毫末、九层之台起于累土、千里之行始于足下”，讲的就是量变到质变的道理，这个道理同样适用于读书。唯有持之以恒的广泛阅读，把读书当成一种好的习惯，树立终身读书的理想和信念，并自觉养成“不动笔墨不读书”的行为意识，才有可能成为知识上的“富翁”。

在中国，“头悬梁锥刺股”的故事几乎家喻户晓，这个故事之所以能够广泛流传，就是因为人们希望借助这个故事鼓励学子们认真读书，持之以恒。中华民族是人类社会历史上唯一没有中断文明的民族。文明得以持续的主要原因就是一代代读书人勤勉好学、砥砺前行。在今天这种宽松、优越的环境中，大学生更应该把读书视为生活中不可或缺的重要组成部分，每天坚持读书、读好书，把读书视为人生修养的必要部分，逐渐形成爱读书的家风、校风、社会风气，建设书香中国，传承、发扬中华民族的优秀文明。

6. 谦

“谦”意为谦虚谨慎、虚怀若谷，诚心向别人学习。“谦”一直以来就是中华民族的优良传统。中华民族历来以“谦谦君子、温润如玉”作为做人的追求，《诗经》中有“谦谦君子、陌上其华”，意思是完美的人应该品格高尚又谦虚谨慎，就像路边的花草一样默默绽放，展现自己的魅力与风骨。

孔子作为儒家思想的创始者，一生教授弟子三千，圣贤者七十二人，即便如此，孔子依旧十分谦虚。他说：“知之为知之，不知为不知，是知也。”意思是说，知道就是知道，自己不知道、不了解的知识，老老实实承认自己不知道就是了，承认自己学识上的欠缺并没有什么不好意思的，这其实才是最大的聪明之处。从这句话中，我们可以看出孔子对于学问、知识的态度：老实、端正。即使和学生在一起，孔子也会承认自己有很多地方不如学生：“三人行，必有我师焉。择其善者而从之，其不善者而改之。”钱穆先生将此段解释为：“三人行，其中一人是我。不曰三人居，而曰三人行，居或日常相处，行则道途偶值。何以必于两人而始得我师，因两人始有彼善于此可择。我纵不知善，两人在我前，所善自见。古代善道未昌，师道未立，群德之进，胥由于此。”[①]

知识是无穷无尽的，即使我们穷尽自己的一生，也不过是管中窥豹。对于大

① 钱穆：《论语新解》，生活·读书·新知三联书店，2002，第 167 页。

学生而言，老老实实学习、踏踏实实做学问的态度依然需要坚持。大学阶段，是奠定基础理论知识的阶段，因为未来的工作岗位不仅需要过硬且扎实的基本功，还需要各个方面的知识。每个人身上都有优点，当然也会有不足。我们和别人相处的时候，要尽量多学习别人的优点。

曾国藩继承了儒家思想一脉相承的谦谦君子作风，在家书中不止一次提到尽管目前曾家备受皇恩、满门荣耀，但一定要谦虚谨慎。在他写给弟弟们的信中，他这样告诫："弟言家中子弟，无不谦者，此却未然。余观弟近日心中即甚骄傲。凡畏人，不敢妄议论者，谦谨者也；凡好讥评人短者，骄傲者也。谚云：'富家子弟多骄，贵家子弟多傲。'非必锦衣玉食，动手打人而后谓之骄傲也。但使志得意满毫无畏忌开口议人短长，即是极骄极傲耳。余正月初四日信中言'戒骄字，以不轻非笑人为第一义；戒惰字，以不晏起为第一义'。望弟常常猛省，并戒子侄也。"[①] 他认为富家子弟多骄，贵家子弟多傲。骄傲不一定非要表现为动手打人、欺行霸市，那种说话口无禁忌、没有敬畏之心、行为恣意蛮横者就是不谦虚。如果家族中有这样的子弟，曾家的繁华不会持续太久，因此，他告诫家中子侄千万莫骄傲。

"谦受益满招损"历来是做人的座右铭。"天地间惟谦谨是载福之道。骄则满，满则倾矣。凡动口动笔，厌人之俗，嫌人之鄙，议人之短，发人之覆，皆骄也。无论所指未必果当，即使一一切当，已为天道所不许。吾家子弟满腔骄傲之气，开口便道人短长，笑人鄙陋，均非好气象。贤弟欲戒子弟之骄，先须将自己好议人短、好发人覆之习气痛改一番，然后令后辈事事警改。"[②]曾国藩认为，人生于天地之间，只有谦谨才是真正载福之道，但凡曾家子弟务必要改掉那种张口论人短长、讥笑他人、对别人指手画脚的不良习气，无论大事小事都要时刻警醒，否

① 檀作文译注《曾国藩家书》，中华书局，2016，第 275 页。

② 檀作文译注《曾国藩家书》，中华书局，2016，第 273 页。

则家族的兴盛不会持续太久。

“谦谨”对于大学生意义非凡。如果偏离了谦虚谨慎、戒骄戒躁的传统美德，就会表现为自满、自负、自私。自满就是对于自己过去的一丁点成绩沾沾自喜、到处炫耀，唯恐天下不知；看不起同伴，看不起同学；对于其他人优于自己的地方很难接受，甚至会产生不良的过激反应。自负则主要表现为自说自话、固执己见，听不得身边人的不同意见，稍有不如意，就会怀疑人生，寻死觅活，缺乏基本的抗压能力。最后，自私主要表现为以自我为中心，生活中、学习中、未来规划中只计较个人得失，对于他人利益、集体利益表现漠然甚至毫不关心。学生这种不良的行为，与家长、教师、社会都有很大关系。家长与学校、社会应共同配合，用健康的价值观帮助学生成长，纠正以自我为中心的错误思想、行为，共同为孩子营造良好的生长环境。

“近来见得天地之道，刚柔互用，不用偏废，太柔则靡，太刚则折。刚非暴戾之谓也，强矫而已；柔非卑弱之谓也，谦退而已。趋事赴公则当强矫，争名逐利则当谦退；开创家业则当强矫，守成安乐则当谦退；出与人物应接则当强矫，入与妻孥享受则当谦退。”[①]在这段家书中，曾国藩称自己悟得天地之道，那就是做人一定要刚柔互用。做人太过柔软就会萎靡不振，太过刚强又极容易导致脆弱易折，唯有刚柔兼济，才是做人根本。刚与柔相互配合，二者相得益彰，才是完美人生。

二、经世济用，开创中外教育交流的先河

（一）经世致用思想的主要内容

1. 经世致用思想产生的背景

思想的产生，与时代背景密切相关。不同时代背景、不同理想追求，产生各

① 檀作文译注《曾国藩家书》，中华书局，2016，第 295 页。

个迥异的思想。曾国藩生活的年代，中国在发展的过程中逐渐落伍，让位于崛起的西方诸国。英国经过第一次工业革命的催化，逐渐成为世界上最发达的国家。在这个国家崛起的过程中，先进的教育思想、教育理念起到至关重要的作用。有西方人这样评价英国的工业革命：上帝创造了世界，牛顿发现了上帝创造世界的方法。的确，牛顿一改往日人类只能匍匐于上帝脚下的状态，第一次在人类史上尝试着用科学的理论来解释世界，牛顿的“运动三大定律”成为人类在认识世界过程中的丰碑。瓦特则是借助牛顿的科学思想，改良、建造出当时世界上最先进的蒸汽机。瓦特之前，人类祖先使用的动力无一例外都是来自于自然界，人类并没有真正属于自己的动力源泉。瓦特改变了这一现状，蒸汽机真正的意义在于人类有了属于自己的动力源泉，这大大加速了人类认识世界、改造世界的征程。另外，当时的英国还对专利技术的使用与申请进行了详细规定。经济学家亚当·斯密则是运用其独特、睿智的视角，总结出人类经济生活中非常重要的自由竞争规律。正是这些在今天依然熠熠生辉的名字，推动英国成为当时世界上最强大的帝国。

英国之后，欧洲的德国、法国相继完成了工业革命，迅速崛起。一些有识之士纷纷呼吁要向外国学习，却遭到顽固派的激烈反对。魏源，作为“睁眼看世界”的第一人，提出“师夷长技以制夷”，却未得到统治集团的重视。另外清政府在思想上实行高压政策，尤其是盛极一时的“文字狱”，沉重打击了知识分子参政、议政的勇气，造成了一批批学者无奈地走上闭门治学之路，整日与考据为伴，不再关心、议论政事。

“经世致用”是中华文化特别是“湖湘文化”的精华，起源于明清之际著名思想家顾炎武、王夫之等人的学说。“经世”的内涵是“经国济世”，强调要有远大理想抱负，志存高远，胸怀天下，侧重“形而上”；“致用”的内涵是“学用结合”，强调要理论联系实际，脚踏实地，注重实效，侧重“形而下”。儒学作为中国传统社会的主流思想，一直提倡学以致用。“家事、国事、天下事”都成为中国传统知识分子关注的对象，“修身、齐家、治国、平天下”的晋升路径更是大部分知识分子一辈子梦寐以求的终极人生，更有范仲淹的“居庙堂之高则忧其民”的人本主义情怀。到明清之际，“经世致用”的思想达到顶峰时期，但也随之开始走下坡路。

“经世致用”是曾国藩对于读书的态度。曾国藩出身普通农家，科举之路可谓一帆风顺、光耀门庭。他 23 岁考取秀才，一年之后又中了举人，28 岁进士及第。十年之间官职七次升迁，后来又因为剿灭太平天国有功，被封为两江总督、直隶总督，受封一等毅勇侯，享尽科举制度的优待。可就是这样一位通过科举考试出来的朝廷重臣，久历宦海，深谙科举制度的弊端，对于科举考试并不十分热心。在其写给家中子侄的家书中，我们可以看到曾国藩对于科举考试制度的真正内心态度。“盖人不读书则已，亦既自名曰读书人，则必从事于《大学》。《大学》之纲领有三：明德、新民、止至善，皆我分内事也。若读书不能体贴到身上去，谓此三项与我身了不相涉，则读书何用？虽使能文能诗，博雅自诩，亦只算得识字之牧猪奴耳！岂得谓之明理有用之人也乎？朝廷以制艺取士，亦谓其能代圣贤立言，必能明圣贤之理，行圣贤之行，可以居官莅民、整躬率物也。若以明德、新民为分外事，则虽能文能诗，而于修己治人之道，关茫然不讲，朝廷用此等人做官，与用牧猪奴做官何以异哉？”①他认为读书之人的三件分内之事就是明德、新民、至善，并未提及科举高中之事。如果读书的目的仅仅是能文能诗、博雅自诩，在他看来这样与能够读书认字的猪狗没有任何区别。他认为朝廷之所以以八股取士，是因为朝廷认为读八股文章之人肯定能为圣贤代言、依照圣贤的行为准

① 檀作文译注《曾国藩家书》，中华书局，2016，第 112 页。

则做事、为官，为天下苍生做表率。否则，只知道读书取士而不懂修己治人之道，这样的人做官与猪狗做官并没有本质区别。曾国藩将只知道读书取士、未能有兼济天下胸怀之人比作猪狗，可见他对于那些只知道读书之人有何等厌弃。

在曾国藩看来，读书之人一定要心怀天下，唯其如此，才能树立远大的理想，为国为民。这种读书理念对于今天的大学教育尤为重要。大学生是祖国的未来与希望，正值读书之时，但是读书的目的却有所不同。有人读书是为了一分体面的工作，有人读书是为了完成家长的希望，有人读书则是随波逐流思想起作用。正确的理想信念如同人生的指路明灯，在前进的道路上，它能给予我们温暖前行的永恒力量，拨开挡在我们面前的重重迷雾，帮助我们克服前进道路上的重重困难，走向人生的光明前途。正确且坚定的人生理想，对于青年人成长尤其关键。"广大青年要牢固树立远大理想和坚定信念，树立起科学的世界观、人生观和价值观。同时，要不断增强服务社会的本领，自觉为实现中华民族伟大复兴的中国梦奉献青春、智慧和力量。生活在我们伟大的祖国和伟大的时代，我们共同享有人生出彩的机会，共同享有梦想成真的机会，共同享有同祖国和时代一起成长与进步的机会。当代中国的大学生，要自觉地将个人的成长与社会的发展融合起来，志存高远、脚踏实地，在实现中国梦的过程中让青春焕发出绚丽的光彩。"①

2. 经世致用思想的主要内容

面对羸弱无力、内忧外患的封建统治，以曾国藩为首的有识之士提出教育要经世致用，空谈误国、实干兴邦。经世致用的思想大概包括以下几点。

（1）读书最主要的目的是为了解决当世问题。水深火热的清政府由于内忧外患，其统治摇摇欲坠。这样的社会政治氛围中，读书人一定要务当世之务，更多地把关注点放到天下、国家以及民生事务上，切忌空谈。

---

① 《马克思主义基本原理概论》，高等教育出版社，2015，第 19 页。

（2）勇于革除弊端、培养创新精神。只停留在“言必称孔子”的阶段，国家和社会的发展后继乏力。世界上崛起的大多数国家都是因为有核心的创新因素。英国的崛起是因为蒸汽机的全新改进与广泛推广，而美国与德国则是因为电的发明与使用，日本、印度经济的迅速发展也与创新性科技成果有着非常重要的关系。鼓励创新、不拘泥于古人，才能跳出过去的条条框框，走出一条切实可行的兴国之路。

（3）理论联系实际。按照辩证唯物主义认识论的观点，人们认识世界的最终目的，是为了获得真理，从而改变世界。理论从实践中来，最终要回归实践、指导实践，这样的理论才有现实意义。“理论是否正确，在从感性认识到理性认识的第一次飞跃中，是没有得到证实也不可能得到证实的。只有将已经获得的理论运用到实践中去，通过实践的检验，正确的理论才能得到证实，错误的理论才能够被发现、纠正或者推翻，并在指导实践、实现自身的过程中得到完善和发展，这就是检验理论和发展理论的过程，是整个认识过程的继续。如果没有这个阶段，对事物的认识就还没有完成。”[①]

（4）研究对象范围的扩大。在人们的习惯性认识中，读书人极容易沉湎于自己的研究范围，对于国家大事、国计民生关心甚少，一味沉湎于诗词歌赋、考经用典，本身就已经背离了读书的真正目的。

南唐后主李煜才华横溢、精于诗词歌赋。如果单就读书人的身份而言，李煜的成就令很多后人叹为观止。只可惜，李煜将自己身上最重要的皇帝职责忽略，最终落得国破家亡。他的一生，于诗词歌赋有功，于国家安宁无益。亡国之后的李煜也并没有真正意识到原因所在，躲在诗词里寻求本就不存在的温暖。

---

① 《马克思主义基本原理概论》，高等教育出版社，2015，第 71 页。

破阵子·四十年来家国

[南唐] 李煜

四十年来家国，三千里地山河。
凤阁龙楼连霄汉，玉树琼枝作烟萝，几曾识干戈？
一旦归为臣虏，沈腰潘鬓消磨。
最是仓皇辞庙日，教坊犹奏别离歌，垂泪对宫娥。

3. 经世致用思想的实践

国家羸弱、外敌入侵，读书之人不应该再躲进小楼成一统，而要直面世事变化，用知识改变国家的前途和命运。尤其是历经两次鸦片战争之后割地、赔款的耻辱之后，以曾国藩为首的一批有识之士逐渐认识到闭关锁国的政策对于国家经济发展百害无一利，于是纷纷提出“自强运动”，创办新式学堂。魏源、林则徐是当时经世致用理论的开创者，只可惜他们的思想并没有付诸实施。曾国藩承袭这种思想，创办安庆军械所，通过学习先进国家武器制造技术，制造出一批真正具有现代意义的枪炮武器；他开办译书局，培养专业翻译人员，将国外的先进思想、理念、书籍翻译成中文，供国人学习使用。另外，在当时清政府国力衰微、日常支出几乎难以为继的情况下，由国家出面选派聪颖学子赴美留学，由国家负担学费，目的是学习西方先进知识，为国家培养与世界一流科技水准接轨的知识分子。

安庆内军械所又称“安庆军械所”，是清末最早官办的新式兵工厂，1860 年由曾国藩创设于安徽怀宁黄石矶、安庆大观亭，主要制造子弹、火药、枪炮。安庆军械所是我国近代工业的肇始，意义深远。安庆军械所的兴办完全依靠中国人自己的力量，并没有雇佣外国人。在毫无外援的情况下，安庆军械所制造出中国近代史上第一台实用的蒸汽机，另外，还造出中国第一艘木壳实用轮船。

公元1865年，曾国藩会同当时另外一位洋务运动的积极主导者李鸿章在上海设立江南机器制造局，并在其中附设译书局即广方言馆。广方言馆是近代新式学堂，属专业人才教育机构，主要课程有外国语言文字、近代自然科学和儒学，于1863年由李鸿章奏请在上海设立，招收14岁以下文童住馆学习，1869年并入江南制造局。当时的科目分类已经变更为英文馆、法文馆和算学馆，在并入江南制造局5年后，又增设天文馆。学习国外的先进科学技术，语言是必需的工具。从1868年到1907年将近40年的时间里，经由译书局翻译的国外书籍多达160多种，是中国近代译书最多、影响最大的翻译机构。其译书的具体内容涉及兵学、工艺、兵制、医学、矿学、农学、化学、交涉、算学、图学、史志、船政、工程、电学、政治、商学、格致、地学、天学、学务、声学、光学等方面。最早出版的书是《运规约指》（傅兰雅、徐建寅合译，1870年出版）和《开煤要法》（傅兰雅、王德均合译，1871 年出版）。著名的出版物有《谈天》《地学浅释》《佐治刍言》和《西国近事汇编》等。这些译书涉猎范围宽广，翻译水平严谨高超，对于当时想要学习西方的先进知识分子产生积极影响，加快了对外交流的步伐。

译书局的出现，是中国近代史上具有里程碑意义的事件。中国人引进西方先进的现代科学技术就是从曾国藩创办的译书局开始萌芽的。译书局的出现，标志着一直以来萦绕在中国人心目中的“天朝大国”的幻想逐渐被打破，开始承认西方国家在科学技术上有过人之处。自此之后，中国人开启了向国外学习的脚步，通过聘用外国人指导技术、派遣留学生到国外学习等方式，开始了追赶世界先进国家的步伐。

今天的中国，经济发展水平、科技发展水平都得到飞速发展，中国的国民生产总值已经稳居世界第二。在很多关键领域和核心技术层面，都有中国人自己努力的成绩，第一颗原子弹爆炸、第一颗人造卫星上天，在艰苦卓绝几乎没有外援的情况下，中国科学家完成了令世界为之称赞的科技成果。但是，我们也不得不承认，在一些关键领域我们还有待于向国外同行学习。这就需要大学生不要故步自封、满足于当下取得的一些成果，而是要将目光放长远，向同领域世界最高水平看齐，掌握当下时代发展的最新主题，用自己所学的科学技术知识，致力于祖国未来高技术领域的持续发展。“马克思对科学技术的伟大历史作用做过精辟而形象的概括，认为科学技术是历史的有力的杠杆，是最高意义上的革命力量。”“20世纪中期以后出现的以原子能的利用、电子计算机和空间技术的发展为标志，特别是以信息技术、新材料、新能源、生物工程、海洋工程等高科技的出现为主要标志的科技革命，使人类进入互联网、智能化、数字化的时代，推动了由工业经济形态向信息社会或知识经济形态的过渡。”①

知识经济是未来社会发展的主导方向。进入 21 世纪以来，国与国之间的竞争开始围绕知识经济展开。所谓知识经济，是相对于农业经济、工业经济而言的，三者划分的依据主要是经济发展的支撑力量。农业经济时代，是以土地数量、人口规模为主要衡量标准的经济发展模式，竞争主要围绕抢夺领土、抢占人口进行。工业经济时代，以英法等西方发达国家开始工业革命为主要标志，发展的核心也从原来的农业变为工业。而知识经济则是以知识为基础、以脑力劳动为主体的经济，其中，教育和研究开发是知识经济的主要部门，高素质的人力资源是重要的资源。知识经济时代，国与国之间的竞争主要表现为人才、核心技术的竞争。

中国一直是农业经济时代发展的典范，在古老的土地上，中国人创造出了令世界都为之赞叹的高度文明，唐朝时期的中国曾经是世界上最发达的国家。工业经济时代，中国经济发展的速度开始慢下来并且被其他国家赶超。知识经济时代，正是中国人实现弯道超车、发展经济的绝佳机会。在知识经济的发展过程中，大

① 《马克思主义基本原理概论》，高等教育出版社，2015，第 135 页。

学生作为人才的主力军，要切实担负起肩上所背负的民族国家发展的历史重任，学有所成，报效祖国，实现中华民族在人类历史上的复兴。

（二）设立新式学校，对外学习全面铺开

洋务运动是一批清朝忧国忧民的中兴之臣提出的自强之路。第二次鸦片战争失败以后，以李鸿章、曾国藩、张之洞、左宗棠等一批封建地主阶级的代言人从维护封建统治的利益出发，以“师夷长技以制夷”为主要目的，以自强求变为立足点，以军事、科技为核心内容，在全国范围内推行了异常轰轰烈烈的洋务运动。洋务运动始于1861年底（清咸丰十一年），至1895年甲午海战大致告终，持续约35年。经历两次鸦片战争的失败，洋务派意识到中国的科技水平与世界的差距，因此，向外国学习先进的知识成为洋务运动的主要内容。洋务运动学习西方先进技术，兴办现代教育，建立工厂，在很大程度上促进了资本主义的发展。例如，采用资本主义社会的雇佣劳动制度，培养资本主义的技术人才，翻译外文书籍文献等。

在洋务运动持续的35年间，洋务派在全国修建了30余所近代新式学校，用来培养科学、军事、翻译人才。相较于中国旧式的学院教育、书塾教育，这些新式学校更侧重于军事、科技、工程、制造等实用性，进一步摆脱了旧式教育与国家发展、时代要求严重脱节的弊端。

1. 参与设立京师同文馆

1862年在北京设立的京师同文馆是洋务运动期间成立的第一所新式学堂，学校的成立主要是为了向国外学习语言，由洋务派领袖恭亲王奕䜣开办，这所学校最初以培养外语翻译、洋务人才为目的，主要聘请外国人作为专门教习，管理上隶属于总理事务衙门，官办风气浓郁。京师同文馆最初只开设英文课程，后来又逐步增加了法文、德文、日文等语种。为了适应形势的需要，在同治六年期间学

校又添设算学馆，主要教授天文、算学。不仅如此，学校还附设有专门的印书处、翻译处，出版国外有影响力的科技文献。由于学校背后的官办性质，学校的发展、经费都能够得到比较充足的保障，1902 年 1 月（光绪二十七年十二月），并入京师大学堂，改名京师译学馆，并于次年开学，仍为外国语言文字专门学校。与京师同文馆相比，京师大学堂的成立相对较晚，但是中国近代最早的一所体制完备的高等学府，于 1912 年 5 月改名北京大学。

教育最终的目的是为社会培养实用性的人才，因此，无论是教师、学生还是整个教育事业的发展，都要密切联系当前实际，为社会服务，切忌空洞浮夸。对于当今的大学生来说，由于科学技术的迅猛发展，信息的获取对于学生而言变得轻松自如，也更能够掌握未来科技发展的动向。“高校作为人才第一资源、科技第一生产力、创新第一动力和文化第一软实力这四个第一的重要结合点，学科优势突出，高端人才集聚，各类信息汇聚，创新要素集中，科研成果丰硕，国际交流频繁，理应在服务经济社会发展方面发挥特殊重要的作用，提供强有力的智力支持和人才支撑。高校更好地服务经济社会发展，既是使命所在，也是自身发展的源头活水。高校利用自身的学科、专业、科技、人才、信息和文化优势，服务经济社会发展，是高校发展的一个显著特征。改革开放以来的近 40 年，高校在服务经济社会发展方面发挥了巨大作用，比如依托高校建立和发展起来的一大批大学科技园区，通过发展高新技术企业的方式为经济发展和经济创新力、竞争力的增强作出了重要贡献，也拓展了高校自身生存和发展的空间。实践证明，高校只有真正与经济社会发展建立良性互动机制，贴紧靠实经济社会发展需要，才有自身存在的价值，才能获得日益丰富的发展资源。高校与经济发展是互为支撑、相互促进的，这是经济发展的规律决定的，经济发展了就有更大的财力支持高校发展，高校发展了就有更强的实力支撑经济发展。经济社会发展对高校不断提出新要求，高校在服务经济社会的过程中不断优化办学环境、改善办学条件、汇聚人才队伍、做强特色优势学科、增强科研创新能力、持续提高人才培养质量、办学综合实力和竞争力，这样高校服务经济社会发展的能力也得以显著增强。”[①]

2. 选派优秀学生出国留学

洋务运动改革的另一个措施就是选派学生到先进国家留学。在1872年至1875年间每年选拔30名优秀的幼童到美国学习先进的科学技术，这些被派出去的幼童后来大都成为各行各业的佼佼者，这其中就包括铁路专家詹天佑。詹天佑在12岁时被选为赴美留学幼童，在美国学习期间因为品学兼优考入耶鲁大学，主修铁路工程，学成之后回国，在他的领导设计之下，中国人在自己的国土上修建了有史以来第一条铁路——京张铁路，詹天佑也被视为中国铁路事业的开创者。

三、思想解放，不让子孙读八股文

八股文是明清时期朝廷科举考试最主要的形式。所谓八股文就是指文章由破题、承题、起讲、入题、起股、中股、后股、束股八部分组成，题目一律出自四书五经中的原文。后四个部分每部分有两股排比对偶的文字，合起来共八股。旧时科举，八股文要用孔子、孟子的口气说话，四副对子平仄对仗，不能用风花雪月的典故亵渎圣人，每篇文章包括从起股到束股四个部分。明代朱元璋洪武三年（1370），诏定科举法，应试文仿宋“经义”。成化年间，经多名大臣提倡，逐渐形成比较严格固定的八股文格式，八股文的格律形式就此形成了。光绪二十八年（1902年），清政府宣布停止科举考试使用八股。

① 张大良：《发挥高等学校优势作用更好服务经济社会发展》，人民网 • 教育频道，2017年12月18日。

八股文在中国历史上的存在有其必要性，为了维护封建王朝的思想统一，也为了能够相对公平公正地选拔人才，八股文逐渐取代其他形式成为科举考试的主导。在“学而优则仕”的封建社会，文人读书的终极目的就是踏足仕途。八股文就如同巨大的磁场，吸引着一代又一代学子前赴后继。经由八股取士的优秀人才大有人在，比如于谦、王阳明、张居正、曾国藩以及林则徐、张之洞等。当然，八股文的存在也有其弊端，最主要的表现就是由于内容和形式的苛刻要求，造成很多人死读书、读死书。

明清之际，中国人创新的步伐逐渐被其他国家迎头赶上甚至超越，八股取士是其中非常重要的一条原因。更有一些虽有真才实学却不肯死记硬背者无缘仕途。《聊斋志异》的作者蒲松龄就是一辈子仕途失意，有人评价明清时期的读书人有很多是只知道死啃八股、没有自己思想的读书废物。《范进中举》更是将这种读书人的状态描写得淋漓尽致，一辈子读八股就是为了封官晋爵，历经辛苦终于科举提名，高兴之余竟然疯掉了。另外，《儒林外史》的作者吴敬梓也是科举考试制度的反对者。龚自珍认为八股取士就如同一张灰暗的黑网，遮挡住了中国人创新的步伐，由此发出“我劝天公重抖擞，不拘一格降人才”的慨叹。曹雪芹亦是如此，他才华横溢，却对禁锢思想的八股不感兴趣，并无功名在身，但一部《红楼梦》成就曹雪芹在中国文坛不可撼动的历史地位。在《红楼梦》中，曹雪芹借助贾宝玉之口，将自己对于科举考试的厌恶表达得淋漓尽致。在《红楼梦》第 32 回中，面对周围人劝他走科举之路，“宝玉道：‘林姑娘从来说过这些混账话不曾？若说这话，我也同他生分了。’”①林黛玉在闻听贾宝玉这番表白之后，也觉得自己找到了灵魂知己。“林黛玉听了这话，不觉又喜又惊，又悲又叹。所喜者，果然自己眼力不错，素日认他是个知己，果然是个知己。所惊者，他在人前一片私心称扬于

① 曹雪芹：《红楼梦》，北京出版社，2006，第 114 页。

我，其亲热厚密，竟不避嫌疑。所叹者，你既为我之知己，自然我亦可为你之知己矣；既你我为知己，则又何必有金玉之论哉；既有金玉之论，亦该你我有之，则又何必来一宝钗哉！所悲者，父母早逝，虽有铭心刻骨之言，无人为我主张。”①借由贾宝玉和林黛玉，曹雪芹将明清时期读书人几乎人人都梦寐以求的读书经济之事看成了混账话，足见他对于科举考试制度的厌恶之心。

曾国藩出身普通，祖上是湖南娄底的农民，借助科举考试制度，曾国藩一辈子封官晋爵，包括弟弟曾国荃也是屡立战功、屡受封赏，曾氏一家可谓科举考试制度的幸运儿，八股文章也成为曾国藩平步青云的有力工具。可就是这样一个幸运儿，对于八股文的态度，着实令我们大为诧异。他在家书中明确表示家中子女不需要死读八股，做点经世致用、自己喜欢的事情更为重要。“吾辈读书，只有两事：一者进德之事，讲求乎诚正修齐之道，以图无忝所生；一者修业之事，操习乎记诵词章之术，以图自卫其身。”②在曾国藩看来，读书最主要的目的是要修养自身，沿着古人的“修身、齐家、治国、平天下”的道路行走，做到不负此生。此外，读书的目的还包括谋生之道，或者教书授业，或者当官拿俸禄，这些都不过是养家糊口的手段罢了。

另外，他曾在家书中说：“八股文、试帖诗皆非今日之急务，尽可不看不作。至要至要！”③“纪鸿儿不必读八股文，徒费时日，实无益也。”④在曾国藩看来，一个人最重要的是读书明志、读书修身，而不是徒劳忙于作于事无补的八股文，这在当时可谓石破天惊的见解，“学而优则仕”历来被认为是读书人的必由之路，入仕一方面可以施展才华报效国家，另一方面也可以封妻荫子光宗耀祖。对于以

---

① 曹雪芹：《红楼梦》，北京出版社，2006，第 114 页。

② 檀作文译注《曾国藩家书》，中华书局，2016，第 31 页。

③ 檀作文译注《曾国藩家书》，中华书局，2016，第 56 页。

④ 檀作文译注《曾国藩家书》，中华书局，2016，第 77 页。

血缘宗亲为主线的中国人来说，这非常重要。曾国藩却认为一个人的幸福与快乐最重要的来自于内心的充盈与满足，能够找到心灵的归宿，并不在于官有多大、钱有多少。读书重在明理，只有明理，才能快乐。因此，尽管家中祖父与父亲一再要求子孙苦读八股，作为孝子的曾国藩在这个问题上却一再敷衍拖沓，长子曾纪泽十四岁那一年，曾国藩的老父亲又一次去信催促："尔教子宜急教做文章，学小楷，慎勿以予言为非，鄙而勿听也。"但是一贯孝顺的曾国藩仍然拒不从命，直至曾纪泽十六岁时曾国藩依然没有让儿子学做八股。

正是在父亲这种开明而且有远见的风格影响之下，长子曾纪泽没有受到太多八股文章的影响，为人非常低调而且具有远见卓识，在家族和周围环境的压力之下，曾纪泽曾经参加过一次科举考试，落第之后再没有踏入过考场。在父亲曾国藩去世之后，曾纪泽承袭父亲的爵位，但职务主要倾向于外交活动，是清朝末年著名的外交家。在满清王朝后期朝廷谈洋人色变的尴尬年代，曾纪泽在外交生涯中始终以国家民族大义为重，从不屈膝投降，诠释了中国文人的民族气节，也在一定程度上保障了国家与民族的利益。他于1878年（光绪四年）出任驻英、法大臣；1880年（光绪六年）兼驻俄大使，与俄谈判收回伊犁事宜，于1881年（光绪七年）2月24日签订《中俄改订条约》，收回伊犁特克斯河流域土地及部分利权，被认为是晚清一次较为成功的外交行动。另外，曾纪泽自儿时起就对书法非常感兴趣，父亲对于这种兴趣没有阻止反而倍加鼓励，练习书法的刻苦程度甚至不亚于父亲曾国藩，终于成为在中国书法界有一定影响力的人物。工诗文，书法篆刻，善山水，尤精绘狮子。次子曾纪鸿，也没有走科举取士之路，自小对数学感兴趣的他，将满腔热情倾注于数学学习，这在当时看来是没有前途的事情。曾纪鸿自学成才，后来成为清朝时期著名的数学家，著有《对数评解》《圆率考真图解》《粟布演草》等，只可惜天不假年，年仅33

岁就英年早逝。

四、读书不求升官发财，只求知书明理

曾国藩的经世致用思想体现在各个方面。对于读书，他主张“今人都将学字看错了。若细读贤贤易色一章，则绝大学问即在家庭日用之间。于孝弟两字上，尽一分，便是一分学；尽十分，便是十分学。今人读书，皆为科名起见，于孝弟、伦纪之大，反似与书不相关。殊不知书上所载的、作文时所代圣贤说的，无非要明白这个道理。若果事事做得，即笔下说不出，何妨？若事事不能做，并有亏于伦纪之大，即文章说得好，亦只算个名教中之罪人”[①]。“贤贤易色”出自儒家经典著作《论语》，意思是说高尚的德行才是做人最重要的美德，至于长相并不是我们衡量人品的首选因素。

曾国藩引用《论语》中关于判断人品德行因素的论述，表达自己对于读书的态度。古往今来，多少读书人为了一份功名潜心苦读、十年寒窗，少数人志得意满、心愿达成，绝大多数名落孙山、籍籍无名。唐代诗人孟郊在寒窗苦读数十年之后，最终于46岁之时进士及第，诗人以为人生从此可以与众不同，用诗词表达自己无比喜悦的心情，“春风得意马蹄疾，一日看尽长安花”，兴奋之情溢于言表。曾国藩并不赞同这样的观点，他认为人生除却做官之外还有其他重要的事情要做。读书的目的不一定都是为了入仕为官。在他看来，读书最重要的作用在不经意的家庭日用之间，对父母孝敬、对兄弟姐妹尊敬才是为人最重要的根本。

读书是为了能够丰富灵魂、增长见识、提高生活品味，并非一味追求外在的功名利禄。真正搞清楚读书的目的对于大学生来讲非常重要。书籍是人类进步的阶梯，是人类智慧的结晶。读书最重要的目的并非为了博取财富官职，而是为了

① 檀作文译注《曾国藩家书》，中华书局，2016，第109页。

充实自身、学习知识、知书明理，做一个灵魂丰满的人。读书可以帮助我们与哲人对话，增长智慧，可以让我们领略到从未到过的远方风景，可以让我们汲取历史知识少走弯路，同时也可以站在古人的肩膀上，领略到不一样的人生风景。唐诗宋词就是中国古人文学成就的巅峰之作，在唐诗宋词里，我们能够看到古城长安的雄伟、领略沙如雪的大漠风光，还可以感受李白的浪漫主义、王维的田园风情、杜牧的忧国忧民。我们以边塞诗人岑参为例来感受唐诗的壮美磅礴之气。

白雪歌送武判官归京

岑参

北风卷地百草折，胡天八月即飞雪。
忽如一夜春风来，千树万树梨花开。
散入珠帘湿罗幕，狐裘不暖锦衾薄。
将军角弓不得控，都护铁衣冷难着。
瀚海阑干百丈冰，愁云惨淡万里凝。
中军置酒饮归客，胡琴琵琶与羌笛。
纷纷暮雪下辕门，风掣红旗冻不翻。
轮台东门送君去，去时雪满天山路。
山回路转不见君，雪上空留马行处。

岑参是唐朝时期著名的边塞诗人。边塞诗歌以描写大漠的壮美景色以及军旅之人的思家惆怅为主，岑参的这首诗歌，“咏雪赠别，表现了作者对祖国北疆壮丽山河的由衷喜爱以及对于古人的依依惜别之情。诗先以千树万树梨花盛开的绚丽景象，喻写塞外八月满天飞舞的雪花，奇情妙思，出人意表。接写狐裘不暖、冰雪封冻的奇寒，挥洒中有细描，极尽纵横开阖之势。尤其是写在风吹雪飘的广阔背景上那面凝冻不能飘扬的红旗，红白鲜明、形象突出，在冰雪严寒中，梨花透出春意，红旗溢出暖意，都给人留下难忘的印象。”[①]

另外，中国的哲学思想蕴含了许多做人做事的至理名言。老子作为道家学派的创始人，其思想与孔子截然不同。孔子的儒家思想如同健壮有为的年轻人，激励起人们心中无限的家国情怀。而老子却如同一位历经世事沧桑、看透世间百态的睿智老者，告诉我们要“抱朴守真”，回到最初的婴儿状态，像水一样，善利万物而不争。另外，老子是一位辩证法大师，在《道德经》中，我们随处可以看到辩证法思想的体现。“故有无相生，难易相成，长短相形，高下相倾，音声相和，前后相随。”在老子看来，世间万物都是相生相随的，没有困难也就无所谓容易，没有高大，也就谈不上什么低下，没有前面的对照，当然不会有后面的紧紧相随，世事历来如此。在《道德经》第二十二章中，老子讲到道家的处事原则——“夫惟不争，故天下莫能与之争”。在为人处世上，不要凡事都与人争论，圣人正因为无欲无求、与世无争，天下才没有人能够与其相争，可谓柔弱胜刚强。“祸兮福之所倚，福兮祸之所伏”更是将中国古代的朴素辩证法推到了极致。在老子看来，万事万物都有自己的对立面，而事物的转化不是漫无目的的，而是向着自己的对立面转化。祸福相依相伴，当人生处于低谷时期，不必过于颓废纠结，因为低谷过后必然是高峰，而当人生志得意满之时也千万不要骄傲自满，因为月满则亏，世界上没有绝对不变的东西，万事万物都处于不断运动变化发展过程中。“合抱之木生于毫末，九层之台起于累土，千里之行始于足下”更是将辩证法的量变、质变规律解释得淋漓尽致。任何事情都不是一蹴而就的，凡事都必须要有量的积累，当量的积累突破度达成质变之后，事物又会进入新一轮的量变阶段。

马克思吸收了黑格尔辩证法思想的精华，在费尔巴哈唯物主义的基础上，创立了辩证唯物主义，阐释了世界的运动、变化与发展。唯物辩证法认为世间万物

---

① 蘅塘退士：《唐诗三百首》，中华书局，2019，第 82 页。

都在不停地运动，运动导致变化，而变化带来发展，发展意味着新事物的产生与旧事物的灭亡。大学生要认真学习掌握辩证法的精华，在世界的不停变化中寻找真理、相信真理、追求真理，为真理而奉献。“唯物辩证法作为关于自然界、社会和人类思维发展一般规律的科学，是人们认识世界和改造世界的根本方法。”[①]“恩格斯曾经深刻地指出，唯物辩证法具有超越时空的特点，他认为，自然科学家尽管可以采取他们所愿意采取的态度，他们还得受哲学的支配。问题在于：他们是愿意受某种蹩脚的时髦哲学的支配，还是愿意受某种建立在通晓思维历史及其成就的理论思维方式的支配，恩格斯这里讲的理论思维方式其实就是世界观与方法论。”“无论是对自然、社会、思维这三大领域的矛盾运动规律的宏观把握，还是对实际工作中错综复杂的细微分析，唯物辩证法都有普遍的方法论意义。照辩证法办事，就能大于应事而变、顺势而为，做到运筹帷幄、高瞻远瞩。”[②]

曾国藩认为读书的主要目的不是为了求取功名，而是为了修养自身，知书明理，这对于当代大学生的读书态度有极好的借鉴作用。学生专业不同、兴趣不同，对于人生未来的设计也不尽相同，喜欢阅读的书目也林林总总，可是读书的目的应该是一样的，最重要的就是提升自己的生活高度，会生活、懂生活。

五、“看读写作”四者缺一不可

曾国藩对于家中子侄的成长、读书问题极为重视。当他发现家中曾氏子弟身体都不是非常强壮，而且读书也没有多大长进，就专门写信，以自己认为行之有效的养生之道勉励子侄。不仅如此，在读书问题上曾国藩更是谆谆教导，提出看书的四大原则，即看书求速、读书求熟、习字有恒、作文苦思。“吾见家中后辈，

① 《马克思主义基本原理概论》，高等教育出版社，2015，第46页。
② 《马克思主义基本原理概论》，高等教育出版社，2015，第47页。

体皆虚弱，读书不甚长进……曾以为学四事勉儿辈：一曰看生书宜求速，不多读则太陋；一曰温旧书宜求熟，不背诵则易忘；一曰习字宜有恒，不善写则如身之无衣，山之无木；一曰作文宜苦思，不善作则如人之哑不能言，马之肢不能行，四者缺一不可。盖阅历一生而深知之深悔之者。”①

1. 看书求速

看书求速，表现在对于新书的阅读，速度一定要快，浏览、翻阅即可。曾国藩在家书中一再强调读书最主要的目的并不是为了科考取士，而是为了成就自身。读书能够帮助人开阔视野，与先哲智者交流，与文人雅士神交，一定要多读多看，尤其是在曾国藩生活的年代，读书几乎是人们获取知识的唯一方式。那个时候，人们出行不便，信息交流困难，读书可以帮助人们开阔视野，知晓外面的世界，及时跟上时代变化的步伐，不至于与外界脱节。黄庭坚曾说过：“一日不读书，尘生其中；两日不读书，言语乏味；三日不读书，面目可憎。”从这句话中我们也可以看出，读书在古人生活中的重要地位。历史上但凡流芳百世的，无一不是饱读诗书之人。孔子为读书曾经韦编三绝，汉代大儒董仲舒一心一意读书曾经三年不窥园。据传苏轼自从幼年时期就聪慧异常，加之本人喜欢读书，常常出口成章，乡邻多有敬意，纷纷前来请教。年轻的苏轼经不住别人的恭维，开始有些飘飘然。在自己读书的书房里，苏轼手书一副对联“识遍天下字，读尽人间书”，字句间充满自得之意。就在此时，一位白发苍苍的老者拿了一本书前来请教，志得意满的苏轼认为自己肯定能够解答老者的问题，没想到拿过书来一看，自己根本就没有听说过这本书，书中很多字自己根本就不认识。苏轼非常羞愧，连连向老者道歉，回到书房就要把自己以前写的对联毁掉。就在他要把对联扯下来的瞬间，苏轼忽然停住了手，略加思考，他把原来的对联改为“发愤识遍天下字，立志读尽人间

① 檀作文译注《曾国藩家书》，中华书局，2016，第244页。

书”，然后重新回到书桌前开始认真读书，终成一代大儒。王国维在其著作《人间词话》中对于苏轼给予高度评价：“人之才力不可强求，此言不虚。王国维重视天才，他认为非大天才者，不能成就大学问、大事业。但他所说的天才不是玄妙的。天才要济之以学问，帅之以德行，方可产生大文学。在他心目中，苏东坡就算一个。”①

曾国藩生活的时代，读书几乎是人们获取知识的唯一渠道，只有书读得越多，知识才会越丰富。所以曾国藩主张读书一定要快。而要做到快速读书，首先必须多读。多读书不仅可以帮助我们提高阅读速度，更重要的是在有限的时间内了解更多的新知识。对于大学生来讲，读书的主要目的也是为了获取新知识，所以，曾国藩的快读方法依然有意义。

现在大学生获取知识的方式越来越丰富、方便。图书馆、书店、手机、电脑等，为大家提供越来越方便的阅读模式。在有限的时间里快速阅读是掌握作者写作目的、书籍内容的主要方式。专业书籍需要仔细阅读，而大量的人文类书籍就可以采取快速阅读的方式。

当今社会，手机与人们的生活越来越密切，几乎每个人手中都有一部手机。手机的存在，的确方便了人们的生活，可是也在一定程度上减少了人们进行阅读的时间。短视频效果较之传统的书籍可能会更有吸引力，尤其是对于年轻人而言更是如此。人们花在手机上的时间越来越多，而放在阅读上的时间相应减少。这就导致现在的大学生尤其是工科院校的大学生人文素质欠缺，对于中华优秀传统文化知之甚少。在这样的情况下，引导学生进行系统性的快速阅读，就成为高等教育事业发展的当务之急。

为提高快速阅读效率与效果，教师可以引导学生每天都为自己设立读书目标，

① 王国维：《人间词话》，长江文艺出版社，2017，第56页。

每天读书时间不少于一个小时，在限定的时间内读完一本书，不求甚解，简单了解。唯有如此，才能在有限的时间内提高阅读量，从而发现自己的阅读兴趣所在。人类的阅读，同样符合量变到质变的规律。只有阅读量达到一定规模，才能突破度，触类旁通，达到质的飞跃。另外，大量阅读，对于陶冶情操、提高气质也具有不可替代的重要作用，古人所谓“腹有诗书气自华”就源于此。

王国维的《人间词话》可谓点评古代中国诗词的经典著作，而完成这部经典著作，离不开王国维广泛深刻的阅读。王国维在《人间词话》中借用古人的诗句，将做学问描绘为三重境界。“古今之成大事业、大学问者，必经过三种之境界。昨夜西风凋碧树，独上高楼，望尽天涯路。此第一境也。衣带渐宽终不悔，为伊消得人憔悴。此第二境也。众里寻他千百度，蓦然回首，那人却在，灯火阑珊处。此第三境也。此等语皆非大词人不能道。”①“在某种程度上讲，三境界说成为一种哲学式的经典命题，其意义永不枯竭，常读常新。”②王国维的三重境界说就是将古代词人的作品连缀而成，其中，“昨夜西风凋碧树。独上高楼，望尽天涯路”来自晏殊，“衣带渐宽终不悔，为伊消得人憔悴”一句来自柳永的《蝶恋花》：“伫倚危楼风细细。望极春愁，黯黯生天际。草色烟光残照里。无言谁会凭阑意。拟把疏狂图一醉。对酒当歌，强乐还无味。衣带渐宽终不悔。为伊消得人憔悴。”做学问的第三重也是最高境界，王国维描述为“众里寻他千百度，蓦然回首，那人却在，灯火阑珊处”。此句出自南宋另外一位豪放派词人辛弃疾的《青玉案》，原词如下：“东风夜放花千树。更吹落、星如雨。宝马雕车香满路。凤箫声动，玉壶光转，一夜鱼龙舞。蛾儿雪柳黄金缕。笑语盈盈暗香去。众里寻他千百度。蓦然回首，那人却在，灯火阑珊处。”从治学的角度来看三种境界，金德万先生认为，

---

① 王国维：《人间词话》，长江文艺出版社，2017，第 40 页。

② 王国维：《人间词话》，长江文艺出版社，2017，第 40 页。

这三种境界可以理解为知之、好之、乐之。第一境界，西风扫清落叶，登高望远，一览众山小，理解无所阻隔，无所障碍，界限分明，是为知之。第二境界，废寝忘食，流连忘返，即使日渐消瘦，沉迷而无怨言，自是所谓好之。第三境界，道出了山重水复疑无路、柳暗花明又一村的乐趣。短短百字，就引用了三位古人的词句，且连接处浑然天成、宛若一体，丝毫感觉不到生硬拼凑的痕迹，足见王国维对于中国古代诗词的把握炉火纯青，这与王国维大量的阅读积累是绝对分不开的。

2. 读书求熟

读书求熟的意思是，阅读曾经读过的书，一定要熟读。“书读百遍其义自见”的道理，相信每位大学生都曾经领略过。人类文明辉煌几千年，其中留下了许多让人回味悠长的经典著作。经典著作是人类文明大浪淘沙始见金的留存，是历史馈赠给人类的宝贵财富。这些经典著作，或者快意恩仇，抑或指点江山，又或者充满人生智慧，是我们对于过去时光的追忆与怀念。

中国古代文明辉煌灿烂、源远流长，经典著作更是灿若星辰、不胜枚举。每一本都是时间的积淀，每一本都有岁月的痕迹。一部《红楼梦》，以贾、王、史、薛四大家族的兴衰浮沉为背景，以青年男女贾宝玉、林黛玉以及薛宝钗之间的感情纠葛为主线，写尽封建社会大家族的繁华与落寞，为我们复原出几百年前活生生的中国典型大家族的生活场景。书里面既有对于生活环境、美酒美食、珍珠翡翠、诗词歌赋的描写，也有人物内心起伏、人际关系特点以及宗教影响、人生规律的认知。人物关系错综复杂，必须反复阅读才能通晓作者曹雪芹写作《红楼梦》的真正用意。一部《红楼梦》甚至成就了当今人文科学界的一项研究课题——红学。

《三国演义》对于中国人的影响也非常深远。“《三国演义》原名《三国志通俗演义》，是罗贯中根据晋人陈寿《三国志》和南朝人裴松之为《三国志》所作注，文中大量引用的野史杂记，并汲取平话杂剧中若干故事情节写作而成的。”《三国演义》采用明清时期主要的文学体裁形式——章回体小说，全书共 120 回，里面保留了大量丰富的历史材料，对于人物内心、行为的刻画可谓入木三分。开篇词出自明代文学家杨慎的《临江仙》：“滚滚长江东逝水，浪花淘尽英雄。是非成败转头空。青山依旧在，几度夕阳红。白发渔樵江渚上，惯看秋月春风。一壶浊酒喜相逢。古今多少事，都付笑谈中。”在《三国演义》的开篇，罗贯中就道出了贯穿人类社会始终的规律：“话说天下大势，分久必合合久必分。”在马克思主义看来，规律是客观存在的，不管人们是否意识到，规律都会持续发生作用。自然界有自己的规律，人类社会同样如此，只是相较于自然界的规律而言，人类社会的规律更加难以认知。在中国古代哲人中，荀子比较深入地论述人类社会客观规律，他认为“天行有常，不为尧存，不为桀亡”。在荀子看来，万事万物的运行都有自己的规律，不因为圣君尧的存在而存在，也不会因为暴君桀的存在而灭亡。

中国的儒学历经几千年，培育了很多儒学大师，他们如灿烂星辰，在人类历史的长河中熠熠生辉，指引人们前进。他们的思想历经千年岁月洗礼，至今依然散发出迷人的思想光芒，大学生应当熟读经典名著，从其中汲取丰富的知识养分。“荀子，名况，战国末赵国人，约生于公元前 335 年。年十五曾游学于稷下，善为《诗》《礼》《易》《春秋》。齐襄王时，曾任稷下学宫祭酒，时人尊而号为荀卿，后人亦谓之孙卿子。后遭馋适楚，楚相春申君以为兰陵令。公元前 238 年，春申君死而荀卿废，遂家于兰陵。疾浊世之政，发愤著书数万言而卒。李斯、韩非、浮丘伯皆尝受业为弟子。”从以上介绍我们可以看出，荀子在生前并不得志，但是其著作却流传下来，对后世形成极为重要的影响。中国现代著名文学家郭沫若对于荀子的著作极为推崇，“郭沫若曾以《孟子》《庄子》《荀子》《韩非子》为先秦散文四大台柱，其言云：孟文的犀利，庄文的恣肆，荀文的浑厚，韩文的峻峭，单拿文章来讲，实在是各有千秋。”[①]《荀子·卷一》就是专门针对劝学与修身展开论述。其中，“劝学”的目的就是教育人们尤其是年轻人勤奋学习。“君子曰：学不可以已。青，取之于蓝，而青于蓝；冰，水为之，而寒于水。木直中绳，輮以为轮，其曲中规。虽有槁暴，不复挺者，輮使之然也。故木受绳则直，金就砺则利，君子博学而日参省乎己，则知明而行无过矣。”在这段论述中，荀子首先点明自己的观点，学习是永远不可以停止的，就如同“木料受到墨线的弹划校正才能取直，金属制成的刀剑在磨刀石上磨过才能锋利”。如果要想成就为君子，那就必须每天进行广泛的学习，加上深刻反省自己，只有这样，才能见识高明，行为没有过错。

书读百遍其义自见，唯有多读多看，才能真正发现经典书籍中蕴含的美好期许与人生智慧。通过阅读经典著作，尤其是对于其中自己喜欢的内容进行深读、熟读，深刻理解作者在文章中要表达的意愿思想，并且联系自己的学习工作实际，只有这样，古人的卓越智慧、古人的宝贵经验才能一代代传承下去，并在我们手中得以继续发扬光大。在历史发展的坐标上，每一代人都有自己的历史定位，也有自己的历史责任。对于当今的大学生而言，熟读经典著作，领会其中的意蕴，继承发扬传统思想的优点，甄别、抛弃其中的糟粕，并将其运用到实际生活中，活学活用，理论联系实际，是我们对待传统文化的正确态度，也是曾国藩的治学思想对今天的启示。

3. 习字有恒

书法是古代文人的基本功，更是读书人入仕的门面与敲门砖。明清以来，科举考试要求答题时必须用馆阁体，书写清晰。自此衍生出中国传统文化中一门独

① 张觉：《荀子译注》，上海古籍出版社，2012，前言。

特的学问——书法艺术。中国人讲求“字如其人”，汉字书法为中国文化的独特表现艺术，被誉为无言的诗、无形的舞、无图的画、无声的乐。“书法在诸艺术门类中，最具中国独特性。世界上只有在中国文化和伊斯兰文化中，书法才成为一门举足轻重的艺术。只有在中国文化中，书法才象征了人之美和宇宙之美。”[①]按照张岱年先生的观点，“中国书法从字体类型上分为篆、隶、楷、草、行五类。每一类都有自己独特的风貌。”

在中国这片古老又神奇的土地上，书法有着深厚的生存土壤与独特的生长体系，在魏晋初期逐渐形成单独的门类，成为中国古代艺术一颗耀眼的星星。王羲之能够万字不同，宋徽宗独创瘦金体至今无可取代……王羲之生活在东晋时期，公元 353 年，王羲之与当时的社会名流雅士 40 余人相聚于浙江绍兴兰亭，为纪念这次别开生面的聚会，众文人纷纷作诗，以诗明志，并且汇诗成集，王羲之为诗集作序，由此成就了书法史上的巅峰之作《兰亭集序》。《兰亭集序》为草稿，全序共 28 行，324 字，其中有二十多个“之”字，写法各不相同。宋代米芾称之为“天下第一行书”。王羲之兼善隶、草、楷、行各体，精研体势，心摹手追，广采众长，备精诸体，冶于一炉，摆脱了汉魏笔风，自成一家，影响深远。其书法平和自然，笔势委婉含蓄，遒美健秀，世人常用曹植的《洛神赋》中的“翩若惊鸿，婉若游龙，荣曜秋菊，华茂春松。仿佛兮若轻云之蔽月，飘飖兮若流风之回雪”来赞美王羲之的书法之美。“王羲之行书天下第一，其代表作《兰亭集序》等，中锋起提按，以豪为之，线条如行云流水，字体结构极尽变化，风流潇洒之至。颜真卿楷书天下第一，其代表作《颜勤礼碑》等，笔势开张，宽舒圆满，深厚刚健，方正庄严，雍容大度。张旭是草书之圣，代表作《古诗四贴》等，其书简直就是

① 张岱年、方克立主编《中国文化概论》，北京师范大学出版社，2004 年第 2 版，第 184 页。

舞蹈、音乐、激情。伏如虎卧，起如龙跳，顿如山峙，控如泉流。”[①]

曾国藩要求家中子侄习字有恒，就是要求后辈练字一定要认真仔细而且要持之以恒。其实不止是练字，在各行各业，恒心都是人们取得成功的必备法宝。曾国藩本人就是持之以恒的代表，在咸丰八年之后，他决心将写日记的习惯持续下去，决不半途而废。以后不管他军政事务有多繁忙，坚持写日记的习惯一直保留下来，一直到他去世的前一天，还在坚持写日记。一本《曾国藩家书》，一共收录1500 篇家书，时间跨度从道光二十一年到同治十年。整整 27 年的时间，曾国藩给家中父母、祖父母以及兄弟子侄写家书的习惯一直保留下来，后经人结集成册，是曾国藩一生治政、治家、治学之道的生动反映，稍有懈怠之人是不可能有如此恒心与毅力的。今天的大学生可以从曾国藩的“贵有恒”中体会到做事须有恒心与毅力。在新时代，愚公移山的恒心与毅力依然是建设国家必须具备的素质，这就要求大学生要有应对艰难困苦的恒心、百折不挠的顽强精神，以及面对困难不后退的坚强决心，唯其如此，国家才有希望，民族才有未来。

4. 作文苦思

中国古人评价人生在世是否成功的标准是“立德、立功、立言”。而要立言，就必须将自己的感想感受写作出来。一部《梦溪笔谈》成就了沈括中国古代著名科学家的地位，沈括在唐宋制度史、宋代财政史、音乐学、天文历算学、医药学、地理地图学、考古学、诗学及工画学、音韵学以及文献考证学方面都颇有造诣。“他的有些讲解是很超前的，以致人们至今还难以看懂，这点不仅表现在天文、历法、数学、乐律等艰深的学问上，也表现在人类学、社会学上。”[②]著名的唐代诗人贾岛又名“苦吟诗人”，后世流传的“推敲”传说，就来自贾岛。相传贾岛幼

① 张岱年、方克立主编《中国文化概论》，北京师范大学出版社，2004 年第 2 版，第 185 页。
② 沈括：《梦溪笔谈》，中华书局，2016，第 7 页。

时家贫，曾在寺庙落发为僧，时至夜晚归来，月色静谧，飞鸟入巢，不由得吟出“鸟宿池边树，僧推月下门”的诗句。后又觉得“敲”更加合适，一时之间拿不定主意，在驴背上反复做推敲姿态，不料惊扰了韩愈的仪仗队，那时的韩愈已经贵为京兆府尹，韩愈非但没有怪罪，还一起推敲起来，最后，韩愈认为还是“敲”比较合适，自此贾岛也与韩愈结为好友，一时之间成为唐朝文人口口相传的佳话。

曾国藩对于“看读写作”四者缺一不可的独特读书心得，在今天看来，就是认为学习是一个持续由浅入深的过程。从海量看书，到深度读书，再到持续记录，以及深刻写作，这是一个不可分割的整体，四者相结合，才能把读书这件事做透。

马克思主义教育理念与中国传统文化的有机结合，是当今中国教育适应新形势、解决新问题、不断走向繁荣昌盛的必由之路。从本质上讲，就是要使马克思主义教育思想中国化的参天大树深深植根于中华传统文化的土壤之中，使得新时代高校育人教育理念更加具有中国特色、中国样式、中国内涵和中国魅力。对于新时代的高校教育理念而言，一方面要对已有的文化成果进行有意义的扬弃，另一方面又必须对正在进行的以及未来的可能活动进行反省，这既包括对于既往人类教育理念的延续、清理，也包括对于当下以及未来教育理念的引导、重组。唯有不断超越、破立并举，才是对传统文化的最好继承，中国传统文化中优秀教育理念的现实观照意义即在于此。